北大版对外汉语教材·短期培训系列

速成汉语基础教程

Speed-up Chinese

主编 杨惠元

• 会话课本 •
Speaking Book

3

图书在版编目(CIP)数据

速成汉语基础教程.会话课本.3/杨惠元主编.—北京:北京大学出版社,2012.4
(北大版对外汉语教材·短期培训系列)

ISBN 978-7-301-20380-4

Ⅰ.速… Ⅱ.杨… Ⅲ.汉语—口语—对外汉语教学—教材 Ⅳ.H195.4

中国版本图书馆CIP数据核字(2012)第036558号

书　　　名:	速成汉语基础教程·会话课本　3
著作责任者:	杨惠元　主编
责 任 编 辑:	沈　岚
标 准 书 号:	ISBN 978-7-301-20380-4/H·3025
出 版 发 行:	北京大学出版社
地　　　址:	北京市海淀区成府路205号　100871
网　　　址:	http://www.pup.cn
电　　　话:	邮购部 62752015　发行部 62750672　编辑部 62767349　出版部 62754962
电 子 邮 箱:	zpup@pup.pku.edu.cn
印　刷　者:	北京大学印刷厂
经　销　者:	新华书店
	787毫米×1092毫米　16开本　11印张　260千字
	2012年4月第1版　2012年4月第1次印刷
印　　　数:	0001—3000册
定　　　价:	38.00元(附MP3盘1张)

未经许可,不得以任何方式复制或抄袭本书之部分或全部内容。
版权所有,侵权必究　　举报电话: 010-62752024
　　　　　　　　　　　电子邮箱: fd@pup.pku.edu.cn

前　言

《速成汉语基础教程·会话课本》是《速成汉语基础教程·综合课本》的配套教材，亦可单独使用，教学对象为零起点的或略有汉语基础的初级水平的短期学生。全套共4册，每册10课。

本教材是训练和提高学生口头表达能力的专项技能训练教材。编写这套教材，我们吸收了有关汉语速成教学和听说训练的前沿理论研究成果，并且将其作为指导思想贯彻到了教材编写的每一个环节中。

按照最新的教材编写理念，科学的教材应该是一套"精心编写的练习集"，"练习是教材的主体"。因为是配套教材，本书只出少量生词，基本不出现新的语法点，所以，不需要教师过多地讲解，教师的主要职责是指导学生练习。"练习成为教材的主体"是本套教材最大的特色。

第二语言教学的根本目的，是提高学生使用目的语在一定范围内进行交际的能力。为此，学生必须完成"从语言知识到语言技能"和"从语言技能到语言交际技能"的两次转化。这里的关键是建立目的语的思维系统。为了训练学生的思维能力，开发他们的语言潜能，本套教材的课文都采用更具挑战力的"未完成式"，使学生从被动地接受转变到主动地实践、主动地交际，真正成为学习的主人。

同时，我们认为，只有实行"强化＋科学化"的训练，才能提高训练的效果，达到速成教学的目标。所谓"强化"，就是进行大运动量的训练：一是在单位时间里给学生输入大量的语言信息，二是在单位时间里提高语言信息输入和输出的次数。所谓"科学化"，就是训练要在先进教学法理论指导下进行，强化要恰到好处，训练要讲究效果。

教师使用本套教材时，最好先熟悉主干教材《速成汉语基础教程·综合课本》的内容，要了解学生的"已知"，了解这一课是配合综合课的哪一课或哪几课。在教学中，如果能够先安排一个回忆、复习综合课的环节，训练效果会更为理想。

整个教材按照任务式教学法的路子进行编排，每课由生词、模仿、综合练习和课后练习四个部分组成。生词部分帮助学生掌握表达需要的生词、短语或句子。模仿部分先从综合课教材中选择三四个典型的语段，再按照这些语段的结构补充一个例证，作为功能会话的范本，供学生模仿。综合练习部分在模仿的基础上设计了完成会话、成段表达等练习，学生在完成这些交际任务的过程中，巩固知识、提高能力。课后练习有口头的，也有笔头的，是课堂教学的延伸，帮助学生复习巩固当课的重点。为突出听说训练，方便不识汉字的学生，全书的模仿、综合练习和课后练习都配有汉语拼音。

尽管我们做了比较大的努力，但由于水平有限，教材中可能还有很多不尽如人意的地方，希望老师们在使用的时候能够"扬长补短"，根据教学的实际情况灵活地处理它、完善它。

杨惠元

Foreword

Speed-up Chinese: Speaking Books are supplementary textbooks of *Speed-up Chinese: An Integrated Textbooks*. They also can be used independently. They are designed for the beginners in short-term study programs. They are in four volumes, with each volume containing 10 lessons.

As a set of textbooks for special training, this set of textbooks aims to train and improve students' abilities of speaking and expressing. We adopt the latest theories of accelerative Chinese teaching and listening and speaking training methods as the guideline in the process of compiling this set of textbooks.

The most significant feature of this set of books is that it is exercise-based. According to the latest textbook compiling principles, an effective textbook should be a carefully compiled series of exercises, namely "the exercises should be the main parts of the textbook". As supplementary textbooks, this book does not introduce any new grammar, although there are some new words in it. Using this textbook in the class, the teacher should take his main responsibility to guide the students to do exercises instead of giving lectures too much.

The essential aim of second language teaching is to improve students' communicating ability in the target language to some extent. To achieve this goal, student should not only learn language knowledge, but train language skills, and also participate in communication as well. In this process, the most important thing is to build a thinking system based on the target language. In order to train students' thinking ability and develop their potentialities in language, we use the challenging unfinished materials in these textbooks, which can help the students to take part in communicating practices actively, instead of receiving knowledge passively.

We believe that only by taking the principle of "reinforcement and scientification" in the practice can we enhance the effect of drills and achieve the objectives of accelerative teaching. "Reinforcement" means that in a unit of time we must input massive language information to the students as much as possible through a large amount of drills. "Scientification" implies that the drills must be guided by the methodology of teaching so that the principle of "reinforcement" can be appropriately carried out.

Before using these textbooks in the class, the teacher had better have a thorough knowledge of the content of the main textbook *Speed-up Chinese: An Integrated Textbook*, the students'"have known" and the corresponding relationship between the lessons of the comprehensive textbook and that of the speaking textbook. An activity of recalling and reviewing the corresponding comprehensive lessons before the speaking lessons will lead to a better effect.

This whole book is compiled according to the task-based teaching approach, with the following four parts in every lesson—*New Words*, *Imitation Drills*, *Comprehensive Exercises* and *After-class Exercises*. *New Words* explains new words, expressions and sentences for the students; *Imitation Drills* provides three to four utterances picked from the corresponding comprehensive lessons as samples, so that the students can know the conversation structures and imitate them; *Comprehensive Exercises*, such as "complete the conversation", "speak in paragraphs", can help the students to enhance their knowledge and abilities; *After-class Exercises*, including oral and writing exercises, are the extension of classroom teaching so that it can help to strengthen the key points of the lesson in students' mind. All the parts except *New Words* in this series are noted with *pinyin* for the convenience of the illiterate students.

No textbook is perfect. These textbooks should be used in a flexible way so that their advantages can be developed and the disadvantages can be made up for.

Yang Huiyuan

CONTENTS

第一课　在体育场 ………………………………………… 1
　一　生词
　二　模仿
　　（一）功能会话：打电话
　　（二）功能会话：约会、看比赛（1）
　　（三）功能会话：约会、看比赛（2）
　　（四）功能会话：谈比赛结果
　三　综合练习
　四　课后练习

第二课　在农贸市场 ……………………………………… 17
　一　生词
　二　模仿
　　（一）功能会话：询问价格、讨价还价（1）
　　（二）功能会话：询问价格、讨价还价（2）
　　（三）功能会话：询问价格、讨价还价（3）
　　（四）功能会话：表示不同意
　　（五）功能会话：称赞
　　（六）功能会话：埋怨

三 综合练习
四 课后练习

第三课　在医院 ……………………………………………… 35

一 生词
二 模仿
　（一）功能会话：看病（1）
　（二）功能会话：看病（2）
　（三）功能会话：看病（3）
　（四）功能会话：看病（4）
　（五）功能会话：看病（5）
三 综合练习
四 课后练习

第四课　看望病人 ……………………………………………… 51

一 生词
二 模仿
　（一）功能会话：看望病人（朋友）
　（二）功能会话：看望病人（晚辈看望长辈1）
　（三）功能会话：看望病人（晚辈看望长辈2）
　（四）功能会话：问结果／请求／劝阻
　（五）功能会话：问结果
三 综合练习
四 课后练习

第五课　在邮局 ………………………………………… 65

一　生词

二　模仿

（一）功能会话：在邮局寄书

（二）功能会话：在邮局托运

（三）功能会话：在邮局填写单子

（四）功能会话：在邮局买邮票

（五）功能会话：在邮局取包裹和汇款

三　综合练习

四　课后练习

第六课　表示方向 ………………………………………… 83

一　生词

二　模仿

（一）功能会话：表示动作的方向（1）

（二）功能会话：表示动作的方向（2）

（三）功能会话：表示动作的方向（3）

（四）功能会话：打电话邀请

三　综合练习

四　课后练习

第七课　表达看法 ………………………………………… 95

一　生词

二　模仿

（一）功能会话：征求意见和提出建议

（二）功能会话：征求意见和表达希望

（三）功能会话：征求意见和表达看法

（四）功能会话：鼓励

二　综合练习

四　课后练习

第八课　在银行 ……………………………………………………… 109

一　生词

二　模仿

　　（一）功能会话：犹豫、拿不定主意 / 建议 / 接受建议

　　（二）功能会话：换钱 / 存钱（1）

　　（三）功能会话：换钱 / 存钱（2）

　　（四）功能会话：取钱

　　（五）功能会话：询问数量（1）

　　（六）功能会话：询问数量（2）

三　综合练习

四　课后练习

第九课　待客 ………………………………………………………… 125

一　生词

二　模仿

　　（一）功能会话：待客

　　（二）功能会话：道歉

　　（三）功能会话：邀请、感谢

　　（四）功能会话：劝阻

　　（五）功能会话：表示感叹

三　综合练习

四　课后练习

第十课　送行 …………………………………………………… 141
一　生词
二　模仿
　　（一）功能会话：祝愿
　　（二）功能会话：谈课余活动
　　（三）功能会话：送行（1）
　　（四）功能会话：送行（2）
三　综合练习
四　课后练习

词汇总表 …………………………………………………… 156

第一课

在体育场

一 生词

1. 麻烦	动、形	máfan	to trouble; inconvenient
2. 排球	名	páiqiú	volleyball
3. 篮球	名	lánqiú	basketball
4. 首都	名	shǒudū	capital
5. 不见不散		bú jiàn bú sàn	not leave without seeing each other
6. 结果	名	jiéguǒ	result
7. 赢	动	yíng	to win
8. 输	动	shū	to lose
9. 平局	名	píngjú	same as
10. 网球	名	wǎngqiú	tennis
11. 往	动、介	wǎng	to go; toward, to
12. 约定	动	yuēdìng	to agree on, to appoint
13. 见面		jiàn miàn	to meet, to see

（一）熟读短语和句子

麻烦	~你　~您　~您告诉他别来了。给您添~了。这件事很~。
打	~篮球　~排球　~网球　~乒乓球　~羽毛球　~高尔夫球
首都	~剧场　~体育馆　北京是中国的~。
结果	比赛~　考试~　表示~
赢	~了　~了一个球　~了两分　谁~了？中国队~了。
输	~了　~了一个球　~了两分　谁~了？中国队~了。
平局	打成~　踢成~　比赛结果是~。
往	~东　~东走　~东骑　~天津打电话　~我这儿看
约定	~出发的时间　~出发的地点　~见面的时间　~见面的地点　跟谁~　跟丁兰~

第一课　在体育场

3

| 见面 | 几点~　　在哪儿~　　跟谁~
6点跟丁兰在学校门口~　　见过一次面　　没见过面 |

| 让 | ~他进来　　别~他进来
他不~我去。公司~我来学习。~他给我回个电话。 |

| 跟 | ~我说　　~我一起去　　~我没关系
A~B长得一样。A~B不一样高。A~B比赛。 |

（二）完成下面的句子

1. 麻烦您，我_____。
2. 麻烦你，帮_____。
3. 这是一件_____。
4. 他太累了，别再_____。
5. 对不起，给您添_____。

模仿

（一）功能会话：打电话

 A：喂，外语学院吗？
B：是。你找谁？
A：我找张文老师。
B：他不在。
A：我是大内上子，麻烦您让他两点等我的电话。

❷ A：喂，学生宿舍吗？

B：对，你找谁？

A：我找312房间的贝拉。

B：贝拉刚刚出去。

A：我是她的朋友艾米，麻烦您让她给我回个电话。

❸ A：喂，_____吗？

B：对。你找谁？

A：我找_____。

B：他_____。

A：我是_____，麻烦您让他_____。

 拼音 Pīnyīn

❶ A：Wèi, Wàiyǔ Xuéyuàn ma?

B：Shì. Nǐ zhǎo shuí?

A：Wǒ zhǎo Zhāng Wén Lǎoshī.

B：Tā bú zài

A：Wǒ shì Dànèi Shàngzǐ, máfan nín ràng tā liǎng diǎn děng wǒ de diànhuà.

❷ A：Wèi, xuésheng sùshè ma?

B：Duì, Nǐ zhǎo shuí?

A：Wǒ zhǎo sān-yī-èr fángjiān de Bèilā.

B：Bèilā gānggāng chūqu.

A：Wǒ shì tā de péngyou Àimǐ, máfan nín ràng tā gěi wǒ huí ge diànhuà.

❸ A：Wèi, _____ ma?

B：Duì. Nǐ zhǎo shuí?

A：Wǒ zhǎo_____.

B：Tā _____.

A：Wǒ shì_____, máfan nín ràng tā_____.

（二）功能会话：约会、看比赛（1）

❶ A：是方云天吗？

B：是我。大内吧？

A：是的。有位朋友送我两张排球票，我想请你跟我一起去。

B：哪两个队比赛？

A：日本队对中国队。

B：好吧。

❷ A：您是张先生吗？

B：是我。艾米吧？

A：是的。我有两张篮球票，想请您一起去。

B：谁跟谁比赛？

A：北京对上海。

B：我看过了，对不起。

❸ A：_____吗？

B：是我。_____吧？

A：是的。_____，想_____一起去。

B：_____比赛？

A：_____对_____。

B：我_____。

拼音 Pīnyīn

❶ A：Shì Fāng Yúntiān ma?
   B：Shì wǒ. Dànèi ba?
   A：Shì de. Yǒu wèi péngyou sòng wǒ liǎng zhāng páiqiúpiào. Wǒ xiǎng qǐng nǐ gēn wǒ yìqǐ qù.
   B：Nǎ liǎng ge duì bǐsài?
   A：Rìběn duì duì Zhōngguó duì.
   B：Hǎo ba.

❷ A：Nín shì Zhāng Xiānsheng ma?
   B：Shì wǒ. Àimǐ ba?
   A：Shì de. Wǒ yǒu liǎng zhāng lánqiúpiào. Xiǎng qǐng nín yìqǐ qù.
   B：Shuí gēn shuí bǐsài?
   A：Běijīng duì Shànghǎi.
   B：Wǒ kànguo le. Duìbuqǐ.

❸ A：_____ma?
   B：Shì wǒ. _____ba?
   A：Shì de. _____，xiǎng_____ yìqǐ qù.
   B：_____bǐsài?
   A：_____duì_____.
   B：Wǒ_____.

（三）功能会话：约会、看比赛（2）

❶ A：在哪儿比赛？
   B：工人体育场。
   A：几点？

B：今天晚上7点半。7点我在北门等你。

A：好的。

❷ A：在哪儿？

B：首都体育馆。

A：几点比赛？

B：明天晚上7点。6点40我在西门等你。

A：好，不见不散。

❸ A：在哪儿？

B：_____。

A：几点_____？

B：_____。_____等你。

A：_____。

拼音 Pīnyīn

❶ A：Zài nǎr bǐsài?

B：Gōngrén Tǐyùchǎng.

A：Jǐ diǎn?

B：Jīntiān wǎnshang qī diǎn bàn. Qī diǎn wǒ zài běimén děng nǐ.

A：Hǎo de.

❷ A：Zài nǎr?

B：Shǒudū Tǐyùguǎn.

A：Jǐ diǎn bǐsài?

B：Míngtiān wǎnshang qī diǎn. Liù diǎn sìshí wǒ zài xīmén děng nǐ.

A：Hǎo, bú jiàn bú sàn.

❸ A：Zài nǎr?

B：＿＿＿＿＿＿＿＿.

A：Jǐ diǎn＿＿＿＿＿＿?

B：＿＿＿＿＿＿. ＿＿＿＿＿＿děng nǐ.

A：＿＿＿＿＿＿＿＿.

（四）功能会话：谈比赛结果

❶ A：比赛结果怎么样？

B：2比1。

A：谁赢（输）了？

B：中国队。

❷ A：比赛结果怎么样？

B：平局。

A：几比几？

B：3比3。

❸ A：比赛结果怎么样？

B：＿＿＿＿＿＿。

A：＿＿＿＿＿＿?

B：＿＿＿＿＿＿。

拼音 Pīnyīn

❶ A：Bǐsài jiéguǒ zěnmeyàng?
B：Èr bǐ yī.
A：Shuí yíng (shū) le?
B：Zhōngguó duì.

❷ A：Bǐsài jiéguǒ zěnmeyàng?
B：Píngjú.
A：Jǐ bǐ jǐ?
B：Sān bǐ sān.

❸ A：Bǐsài jiéguǒ zěnmeyàng?
B：_____.
A：_____?
B：_____.

综合练习

（一）完成会话：山本正给王才打电话

山本：喂，_____吗?
王才：对。你_____吧?
山本：_____，您今天晚上?
王才：_____?
山本：我买了_____，想_____。

王才：啊，太好了。在哪儿？

山本：＿＿＿＿＿＿。

王才：几点＿＿＿＿＿？

山本：＿＿＿＿＿＿。

王才：几点出发？

山本：我们＿＿＿＿出发，怎么样？

王才：可以。怎么去呢？

山本：＿＿＿＿＿，可以吗？

王才：行。＿＿＿＿＿我在＿＿＿＿＿等你。

山本：好的。

Shānběn：Wèi,＿＿＿＿＿ma?

Wáng Cái：Duì. Nǐ＿＿＿＿ba?

Shānběn：＿＿＿＿＿. Nín jīntiān wǎnshang＿＿＿＿＿?

Wáng Cái：＿＿＿＿＿＿＿?

Shānběn：Wǒ mǎile＿＿＿＿, xiǎng＿＿＿＿.

Shānběn：À, tài hǎo le. Zài nǎr?

Shānběn：＿＿＿＿＿＿.

Wáng Cái：Jǐ diǎn＿＿＿＿＿?

Shānběn：＿＿＿＿＿＿.

Wáng Cái：Jǐ diǎn chūfā?

Shānběn：Wǒmen＿＿＿＿chūfā, zěnmeyàng?

Wáng Cái：Kěyǐ. Zěnme qù ne?

Shānběn：＿＿＿＿, kěyǐ ma?

Wáng Cái：Xíng.＿＿＿＿wǒ zài＿＿＿＿děng nǐ.

Shānběn：Hǎo de.

(二) 两人一组，根据下列情景设计会话，然后按照各自的设计谈话

有个朋友送给大内两张网球票，大内知道张文是个球迷，喜欢踢足球，更喜欢打网球。她给张文家打电话，约他一起去看网球比赛，可是张文还没下班，张文的母亲接电话。她又往张文的办公室打。他们约定了见面的时间和地点。

1. 大内：

   张母：

2. 大内：

   张文：

Yǒu ge péngyou sònggěi Dànèi liǎng zhāng wǎngqiúpiào, Dànèi zhīdao Zhāng Wén shì ge qiúmí, xǐhuan tī zúqiú, gèng xǐhuan dǎ wǎngqiú, Tā gěi Zhāng Wén jiā dǎ diànhuà, yuē tā yìqǐ qù kàn wǎngqiú bǐsài, kěshì Zhāng Wén hái méi xià bān, Zhāng Wén de mǔqin jiē diànhuà. Tā yòu wǎng Zhāng Wén de bàngōngshì dǎ. Tāmen yuēdìng le jiànmiàn de shíjiān hé dìdiǎn.

1. Dànèi:

   Zhāng mǔ:

2. Dànèi:

   Zhāng Wén:

课后练习

（一）完成会话：贝拉给艾米打电话，约她去看体育比赛

贝拉：喂，是_____吗？

艾米：我就是。你哪位？

贝拉：我是_____。

艾米：是_____啊！_____吗？

贝拉：有位朋友送我_____，我想请_____。

艾米：太好了。_____？

贝拉：中国队对韩国队。

艾米：在哪儿比赛？

贝拉：_____。5点半，我在_____等你。

艾米：好，不见不散。

（二）完成会话：金汉成给方龙打电话，方龙不在，白华接电话

金汉成：喂，_____吗？

白　华：是。你找谁？

金汉成：请问，_____在吗？

白　华：他_____。你哪位？

金汉成：我是_____。您是_____吧？

白　华：你好，金汉成，你找他_____吗？

金汉成：我想问他方云天的电话号码。我找方云天有事。

白　华：他下午在，你_____以后给他打电话吧。

金汉成：好的，谢谢您！再见！

白　华：再见！

（三）叙述：给一个朋友打电话，约他（她）看体育比赛，回来后报告看比赛的情况，至少四个方面：跟谁、时间、地点、比赛的结果

拼音

（一）Wánchéng huìhuà: Bèilā gěi Àimǐ dǎ diànhuà, yuē tā qù kàn tǐyù bǐsài

Bèilā: Wèi, shì_____ma?
Àimǐ: Wǒ jiù shì. Nǐ nǎ wèi?
Bèilā: Wǒ shì_____.
Àimǐ: Shì_____a! _____ma?
Bèilā: Yǒu wèi péngyou sòng wǒ_____, wǒ xiǎng qǐng_____
_____.
Àimǐ: Tài hǎo le._____?
Bèilā: Zhōngguó duì duì Hánguó duì.
Àimǐ: Zài nǎr bǐsài?
Bèilā: _____. Wǔ diǎn bàn, wǒ zài_____děng nǐ.
Àimǐ: Hǎo, bú jiàn bú sàn.

（二）Wánchéng huìhuà: Jīn Hànchéng gěi Fānglóng dǎ diànhuà, Fānglóng búzài, Báihuá jiē diànhuà

Jīn Hànchéng: Wèi, _____ma?
Bái Huá: Shì. Nǐ zhǎo shuí?
Jīn Hànchéng: Qǐngwèn, _____zài ma?
Bái Huá: Tā_____. Nǐ nǎ wèi?
Jīn Hànchéng: Wǒ shì_____. Nín shì_____ba?

Bái Huá：Nǐ hǎo, Jīn Hànchéng, nǐ zhǎo tā＿＿＿＿＿＿ma?

Jīn Hànchéng：Wǒ xiǎng wèn tā Fāng Yúntiān de diànhuà hàomǎ.
　　　　　　　Wǒ zhǎo Fāng Yúntiān yǒu shì.

　　Bái Huá：Tā xiàwǔ zài，nǐ＿＿＿＿＿＿yǐhòu gěi tā dǎ diànhuà ba.

Jīn Hànchéng：Hǎo de，xièxiè nín！Zàijiàn！

　　Bái Huá：Zàijiàn！

（三）Xùshù: Gěi yí ge péngyou dǎ diànhuà, yuē tā kàn tǐyù bǐsài, huílai hòu bàogào kàn bǐsài de qíngkuàng, zhìshǎo sì ge fāngmiàn: gēn shuí, shíjiān, dìdiǎn, bǐsài de jiéguǒ

第二课

在农贸市场

一 生词

1. 草莓	名	cǎoméi	strawberry
2. 皮鞋	名	píxié	leather shoes
3. 茶叶	名	cháyè	tea
4. 质量	名	zhìliàng	quality
5. 毛衣	名	máoyī	woolen sweater
6. 添	动	tiān	to add
7. 称赞	动	chēngzàn	to praise
8. 过奖	动	guòjiǎng	to overpraise
9. 埋怨	动	mányuàn	to blame
10. 电子	名	diànzǐ	electron
11. 大厦	名	dàshà	shopping centre
12. 优盘	名	yōupán	removable disk
13. 普通	形	pǔtōng	ordinary, common

(一) 熟读短语和句子

草莓　　一斤~　　新鲜的~　　买~　　吃~　　喜欢吃~

18

第二课　在农贸市场

皮鞋	一双~　一双新~　黑~　白~　买一双~ 这~多少钱一双？
茶叶	一两~　买二两~　好~　这~多少钱一两？
质量	~很好　~不好　~怎么样？　有~好一点儿的吗？
毛衣	一件~　一件蓝~　一件新~　买一件~ 这~多少钱一件？
添	~点儿钱　~麻烦
称赞	~我的老师　~我的朋友　~别人　受到~ 受到老师的~
过奖	~了　您~了
埋怨	~别人　~自己　别~他们
电子	~大厦　~产品　~商品　~计算机

| 大厦 | 电子~　　图书~ |

| 优盘 | 一个~　　买一个~　　在电子大厦买了一个~ |

| 普通 | ~人　　很~　　~的尼龙袜子　　~的毛衣　　~的皮鞋 |

（二）用"多、多少"填空，然后两个同学互相问答

1. 你今年_____大了？
2. 长城有_____公里？
3. 你知道吗，黄河有_____长？
4. 你会写_____汉字了？
5. 你住的地方离学校_____远？
6. 你大约_____长时间给家里写一次信？
7. 数一数，我们班一共有_____张桌子？

模仿

（一）功能会话：询问价格、讨价还价(1)

❶ A：这袜子多少钱一双？
   B：12块。
   A：便宜点儿怎么样？
   B：你买几双？
   A：两双。
   B：11块。

❷ A：这草莓多少钱一斤？
   B：4块5。
   A：便宜点儿行吗？
   B：你买几斤？
   A：5斤。
   B：4块3。

❸ A：这_____多少钱一_____？
   B：_____。
   A：便宜点儿_____？
   B：你买_____？
   A：_____。
   B：_____。

拼音 Pīnyīn

❶ A：Zhè wàzi duōshao qián yì shuāng?

B：Shí-èr kuài.

A：Piányi diǎnr zěnmeyàng?

B：Nǐ mǎi jǐ shuāng?

A：Liǎng shuāng.

B：Shí-yī kuài.

❷ A：Zhè cǎoméi duōshao qián yì jīn?

B：Sì kuài wǔ.

A：Piányi diǎnr xíng ma?

B：Nǐ mǎi jǐ jīn?

A：Wǔ jīn.

B：Sì kuài sān.

❸ A：Zhè_____duōshao qián yī_____?

B：_____.

A：Piányi diǎnr_____?

B：Nǐ mǎi_____?

A：_____.

B：_____.

（二）功能会话：询问价格、讨价还价（2）

❶ A：这皮鞋一双多少钱?

B：145块。

A：有便宜一点儿的吗?

B：有，这双120块。

❷ A：这茶叶一两多少钱？

B：15块。

A：有质量好一点儿的吗？

B：有，这种23块一两。

❸ A：这_____一_____多少钱？

B：_____。

A：有_____一点儿的吗？

B：有，_____。

拼音 Pīnyīn

❶ A：Zhè píxié yì shuāng duōshao qián?

B：Yì bǎi sìshíwǔ kuài.

A：Yǒu piányi yìdiǎnr de ma?

B：Yǒu, zhè shuāng yìbǎi èrshí kuài.

❷ A：Zhè cháyè yì liǎng duōshao qián?

B：Shíwǔ kuài.

A：Yǒu zhìliàng hǎo yìdiǎnr de ma?

B：Yǒu, zhè zhǒng èrshísān kuài yì liǎng.

❸ A：Zhè_____yī_____duōshao qián?

B：_____.

A：Yǒu_____yìdiǎnr de ma?

B：Yǒu, _____.

(三) 功能会话：询问价格、讨价还价 (3)

❶ A：这皮鞋145块，太贵了。
　 B：你说给多少？
　 A：80。
　 B：你也太狠了，120块。
　 A：90。
　 B：100块，不能再少了。
　 A：好吧，来一双。

❷ A：这件毛衣120块，太贵了。
　 B：你说给多少？
　 A：65。
　 B：65太少了，再添点儿。
　 A：70。
　 B：你要是真想买，80块拿走吧。
　 A：行，来一件。

❸ A：这_____，太贵了。
　 B：你说给多少？
　 A：_____。
　 B：_____太少了，_____。
　 A：_____。
　 B：_____，不能再少了。
　 A：好吧，_____。

拼音 Pīnyīn

① A：Zhè píxié yìbǎi sìshíwǔ kuài, tài guì le.

B：Nǐ shuō gěi duōshao?

A：Bāshí.

B：Nǐ yě tài hěn le, yìbǎi èrshí kuài.

A：Jiǔshí.

B：Yìbǎi kuài, bù néng zài shǎo le.

A：Hǎo ba, lái yì shuāng.

② A：Zhè jiàn máoyī yìbǎi èrshí kuài, tài guì le.

B：Nǐ shuō gěi duōshao?

A：Liùshí wǔ.

B：Liùshí wǔ tài shǎo le, zài tiān diǎnr.

A：Qīshí.

B：Nǐ yàoshì zhēn xiǎng mǎi, bāshí kuài názǒu ba.

A：Xíng, lái yí jiàn.

③ A：Zhè_____, tài guì le.

B：Nǐ shuō gěi duōshao?

A：_____.

B：_____ tài shǎo le, _____.

A：_____.

B：_____, bù néng zài shǎo le.

A：Hǎo ba, _____.

（四）功能会话：表示不同意

❶ A：这袜子12块一双，多便宜！

B：一点儿也不便宜。

A：瞧你说的，这是法国进口的高级丝袜，商标上全是外国字。

B：得了吧！这是汉语拼音。

❷ A：今天的考试多容易！

B：一点儿也不容易。

A：瞧你说的，我用了半节课就做完了。

B：得了吧，我用一节课也没做完。

❸ A：＿＿＿＿＿＿多＿＿＿＿＿＿。

B：一点儿也不＿＿＿＿＿＿。

A：瞧你说的，＿＿＿＿＿＿。

B：得了吧，＿＿＿＿＿＿。

 **拼音 Pīnyīn**

❶ A：Zhè wàzi shíèr kuài yì shuāng, duō piányi!

B：Yìdiǎnr yě bù piányi.

A：Qiáo nǐ shuō de, zhè shì Fǎguó jìnkǒu de gāojí sīwà, shāngbiāo shang quán shì wàiguó zì.

B：Dé le ba! Zhè shì Hànyǔ pīnyīn.

❷ A：Jīntiān de kǎoshì duō róngyi!

B：Yìdiǎnr yě bù róngyi.

A：Qiáo nǐ shuō de, wǒ yòngle bàn jié kè jiù zuòwán le.

B：Dé le ba, wǒ yòng yì jié kè yě méi zuòwán.

❸ A：_____ duō _____.

B：Yìdiǎnr yě bù _____.

A：Qiáo nǐ shuō de, _____.

B：Dé le ba, _____.

（五）功能会话：称赞

❶ A：先生真是买东西的行家。

B：哪里哪里！

❷ A：您真是一位有经验的辅导老师。

B：你过奖了！

❸ A：_____ 真是 _____ 的 _____ 。

B：哪里哪里！

拼音 Pīnyīn

❶ A：Xiānsheng zhēn shì mǎi dōngxi de hángjiā.

B：Nǎli nǎli!

❷ A：Nín zhēn shì yí wèi yǒu jīngyàn de fǔdǎo lǎoshī.

B：Nǐ guòjiǎng le!

❸ A：_____ zhēn shì _____ de _____.

B：Nǎli nǎli!

（六）功能会话：埋怨

❶ A：我回来了。
   B：你怎么才回来？
   A：我去农贸市场了。
   B：下班不回家，你去农贸市场干什么？
   A：给你买了双袜子。

❷ A：我回来了。
   B：你怎么才回来？
   A：我去电子大厦了。
   B：下班不回家，你去电子大厦干什么？
   A：买了一个优盘。

❸ A：我回来了。
   B：你怎么才回来？
   A：我去_____了。
   B：下班不回家，你去_____干什么？
   A：_____。

 拼音 Pīnyīn

❶ A：Wǒ huílai le.
   B：Nǐ zěnme cái huílai?
   A：Wǒ qù nóngmào shìchǎng le.

B：Xià bān bù huí jiā, nǐ qù nóngmào shìchǎng gàn shénme?

A：Gěi nǐ mǎi le shuāng wàzi.

❷ A：Wǒ huílai le.

B：Nǐ zěnme cái huílai?

A：Wǒ qù diànzǐ dàshà le.

B：Xià bān bù huí jiā, nǐ qù diànzǐ dàshà gàn shénme?

A：Mǎi le yí ge yōupán.

❸ A：Wǒ huílai le.

B：Nǐ zěnme cái huílai?

A：Wǒ qù_____le.

B：Xià bān bù huí jiā, nǐ qù_____gàn shénme?

A：_____.

综合练习

（一）完成会话：丁兰在商店买鞋

丁兰：这_____多少钱_____?

小贩：_____, 又_____又_____。

丁兰：一点儿也_____。

小贩：瞧你说的，这是_____进口的_____。你瞧，这商标上全是_____。

丁兰：得了吧，这是_____。

小贩：是吗？你说给多少？

丁兰：_____。

小贩：_____太少了，_____。

丁兰：_____。

小贩：_____，不能再少了。

丁兰：好吧，_____。

小贩：你真是_____。

Dīng Lán：Zhè_____ duōshao qián_____？

Xiǎofàn：_____，yòu_____ yòu_____.

Dīng Lán：Yìdiǎnr yě_____.

Xiǎofàn：Qiáo nǐ shuō de, zhè shì_____ jìnkǒu de_____.
Nǐ qiáo, zhè shāngbiāo shang quán shì_____.

Dīng Lán：Dé le ba, zhè shì_____.

Xiǎofàn：Shì ma? Nǐ shuō gěi duōshao?

Dīng Lán：_____.

Xiǎofàn：_____tài shǎo le, _____.

Dīng Lǎn：_____.

Xiǎofàn：_____, bù néng zài shǎo le.

Dīng Lán：Hǎo ba, _____.

Xiǎofàn：Nǐ zhēnshi_____.

（二）完成会话：山本在农贸市场买水果

山本：这_____多少钱_____？

小贩：_____。

山本：_____？怎么这么贵？

小贩：贵？你看这_____多_____。

山本：能不能_____？

小贩：你买多少？多买_____。

山本：＿＿＿＿＿＿＿＿。

小贩：＿＿＿＿＿一斤卖给你。

山本：再＿＿＿＿，行吗？

小贩：这已经是＿＿＿＿了，不能再＿＿＿＿了。

山本：那就来＿＿＿＿斤吧。

小贩：多点儿行不行？

山本：行。

小贩：这是＿＿＿＿斤。一共＿＿＿＿。

Shānběn：Zhè＿＿＿＿duōshao qián＿＿＿＿?

Xiǎofàn：＿＿＿＿＿＿.

Shānběn：＿＿＿＿＿＿? Zěnme zhème guì?

Xiǎofàn：Guì? Nǐ kàn zhè＿＿＿＿duō＿＿＿＿.

Shānběn：Néng bu néng＿＿＿＿?

Xiǎofàn：Nǐ mǎi duōshao? Duō mǎi＿＿＿＿.

Shānběn：＿＿＿＿＿＿.

Xiǎofàn：＿＿＿＿yì jīn màigěi nǐ.

Shānběn：Zài＿＿＿＿, xíng ma?

Xiǎofàn：Zhè yǐjīng shì＿＿＿＿le, bù néng zài＿＿＿＿le.

Shānběn：Nà jiù lái＿＿＿＿jīn ba.

Xiǎofàn：Duō diǎnr xíng bu xíng?

Shānběn：Xíng.

Xiǎofàn：Zhè shì＿＿＿＿jīn. Yígòng＿＿＿＿.

课后练习

（一）用本课学过的讨价还价的方法去买东西，回来在全班报告

（二）完成会话：丁兰买鞋以后回到宿舍跟于文谈话

丁兰：我回来了。
于文：你怎么_____？
丁兰：我去_____。
于文：买什么了？
丁兰：买了_____。
于文：多少钱？
丁兰：卖鞋的要_____，我给砍到_____。
于文：你没上当吧？
丁兰：没上当。
于文：昨天王欢在农贸市场_____，小贩说是进口的高级_____。可是到家一看，是一双普通的尼龙袜子。
丁兰：王欢哪儿会_____？

拼音

（一）Yòng běnkè xuéguo de tǎojià huánjià de fāngfǎ qù mǎi dōngxi, huílái zài quánbān bàogào

（二）Wánchéng huìhuà: Dīnglán mǎi xié yǐhòu huídào sùshè gēn Yúwén tán huà

Dīng Lán: Wǒ huílai le.
Yú Wén: Nǐ zěnme_____?

第二课　在农贸市场

Dīng Lán：Wǒ qù_____.

Yú Wén：Mǎi shénme le?

Dīng Lán：Mǎile_____.

Yú Wén：Duōshao qián?

Dīng Lán：Mài xié de yào_____，wǒ gěi kǎndào_____.

Yú Wén：Nǐ méi shàng dàng ba?

Dīng Lán：Méi shàng dàng.

Yú Wén：Zuótiān Wáng Huān zài nóngmào shìchǎng_____，Xiǎofàn shuō shì jìnkǒu de gāojí_____. Kěshì dào jiā yí kàn，shì yì shuāng pǔtōng de nílóng wàzi.

Dīng Lán：Wáng Huān nǎr huì_____?

第三课

在医院

生词

1. 晕	形	yūn	dizzy
2. 昨天	名	zuótiān	yesterday
3. 深	形	shēn	deep
4. 呼吸	动	hūxī	to breathe
5. 肺	名	fèi	lung
6. 毛病	名	máobing	illness, mistake
7. 拉	动	lā	to empty the bowels
8. 肠炎	名	chángyán	enteritis
9. 住院	动	zhùyuàn	to be in hospital
10. 躺	动	tǎng	to lay
11. 输液	动	shū(yè)	to infuse
12. 假条	名	jiàtiáo	doctor's certificate
13. 非……不可		fēi…bùkě	must, have to

熟读短语和句子

晕	头~ 他~倒了。

深	~呼吸　河很~　湖很~　大海很~　~蓝　~绿　~红
呼吸	深~　~机
肺	~病　~里有毛病吗？~里没毛病。
毛病	有~　没有~　有什么~　哪儿有~
拉	~肚子　~了3次　夜里~了4次　每天~两次
肠炎	得了~　你这是~。
住院	他~了。你得~。要~吗？
躺	~着　在床上~着　~在床上　~在这儿
输液	得~　输两天液　每天输两次液

假条	开~　　开一张~　　大夫给他开了一张~。 您给我开张~吧。
非……不可	非去不可　　非打针不可　　非吃药不可　　非住院不可
开	~药方　　~假条　　~点儿药　　~中药　　~西药
怕	~疼　　~冷　　~蛇　　~打针　　~吃药
按时	~吃药　　~打针　　~上课　　~下课　　~起床

模仿

（一）功能会话：看病(1)

① A：你怎么了？
　 B：头疼，头晕。
　 A：几天了？
　 B：两天了，昨天早上开始的。

❷ A：你怎么了？

B：牙疼。

A：几天了？

B：三天了，前天中午开始的。

❸ A：你怎么了？

B：_____。

A：几天了？

B：_____。

 拼音 Pīnyīn

❶ A：Nǐ zěnme le?

B：Tóu téng, tóu yūn.

A：Jǐ tiān le?

B：Liǎng tiān le, zuótiān zǎoshang kāishǐ de.

❷ A：Nǐ zěnme le?

B：Yá téng.

A：Jǐ tiān le?

B：Sān tiān le, qiántiān zhōngwǔ kāishǐ de.

❸ A：Nǐ zěnme le?

B：_____.

A：Jǐ tiān le?

B：_____.

（二）功能会话：看病（2）

❶ A：你哪儿不舒服？
　　B：咳嗽，嗓子疼。
　　A：多长时间了？
　　B：昨天晚上开始的。

❷ A：你哪儿不舒服？
　　B：肚子疼。
　　A：多长时间了？
　　B：今天早上开始的。

❸ A：你哪儿不舒服？
　　B：_____。
　　A：多长时间了？
　　B：_____。

 拼音 Pīnyīn

❶ A：Nǐ nǎr bù shūfu?
　　B：Késou, sǎngzi téng.
　　A：Duō cháng shíjiān le?
　　B：Zuótiān wǎnshang kāishǐ de.

❷ A：Nǐ nǎr bù shūfu?
　　B：Dùzi téng.

A：Duō cháng shíjiān le?

B：Jīntiān zǎoshang kāishǐ de.

❸ A：Nǐ nǎr bù shūfu?

B：_____.

A：Duō cháng shíjiān le?

B：_____.

（三）功能会话：看病（3）

❶ A：试试表吧。

B：好。

A：我看看嗓子。

B：啊——

A：很红，嗓子发炎了。

❷ A：量量体温吧。

B：好。

A：我听听。深呼吸。

B：（呼吸）

A：肺里没毛病。

❸ A：_____吧。

B：好。

A：_____。

B：（按照指令做动作）

A：_____。

拼音 Pīnyīn

❶ A：Shìshi biǎo ba.

B：Hǎo.

A：Wǒ kànkan sǎngzi.

B：A——

A：Hěn hóng, sǎngzi fāyán le.

❷ A：Liángliang tǐwēn ba.

B：Hǎo.

A：Wǒ tīngting. Shēn hūxī.

B：(Hūxī)

A：Fèi li méi máobing.

❸ A：_____ba.

B：Hǎo.

A：_____.

B：(Ànzhào zhǐlìng zuò dòngzuò)

A：_____.

（四）功能会话：看病（4）

❶ A：吃饭怎么样？

B：我什么东西都不想吃。

A：大小便正常吗？

B：正常。

❷ A：睡觉怎么样？

B：睡得不太好。

A：大便正常吗？

B：不正常，昨天拉了5次。

❸ A：_____怎么样？

B：_____。

A：_____正常吗？

B：_____。

 拼音 Pīnyīn

❶ A：Chī fàn zěnmeyàng?

B：Wǒ shénme dōngxi dōu bù xiǎng chī.

A：Dàxiǎobiàn zhèngcháng ma?

B：Zhèngcháng.

❷ A：Shuì jiào zěnmeyàng?

B：Shuì de bú tài hǎo.

A：Dàbiàn zhèngcháng ma?

B：Bú zhèngcháng, zuótiān lā le wǔ cì.

❸ A：_____ zěnmeyàng?

B：_____.

A：_____ zhèngcháng ma?

B：_____.

（五）功能会话：看病（5）

❶ A：我的病不要紧吧？

B：不要紧。你这是感冒。

A：要打针吗？

B：不用。我给你开点儿药，回去以后多喝开水，注意休息。

❷ A：我的病不厉害吧？

B：不厉害。你这是肠炎。

A：要住院吗？

B：不用。今天先打一针，回去以后按时吃药，好好儿休息。

❸ A：我的病_____吧？

B：_____。你这是_____。

A：要_____吗？

B：_____。

拼音 Pīnyīn

❶ A：Wǒ de bìng bú yàojǐn ba?

B：Bú yàojǐn, nǐ zhè shì gǎnmào.

A：Yào dǎ zhēn ma?

B：Bú yòng. Wǒ gěi nǐ kāi diǎnr yào, huíqu yǐhòu duō hē kāishuǐ, zhùyì xiūxi.

❷ A：Wǒ de bìng bú lìhai ba?

B：Bú lìhai. Nǐ zhè shì chángyán.

A：Yào zhùyuàn ma?

B：Bú yòng. Jīntiān xiān dǎ yì zhēn, huíqu yǐhòu ànshí chī yào, hǎohāor xiūxi.

❸ A：Wǒ de bìng_____ba?

B：_____. Nǐ zhè shì_____.

A：Yào_____ma?

B：_____.

 综合练习

（一）会话：两人一组，一人扮演大夫，一人扮演病人。教师在课前设计会话卡片，课上把卡片分别发给大夫和病人，准备5分钟以后会话

（二）学生看会话卡片，准备5分钟，然后选出一组或两组进行表演

会话卡片1：

大　夫

请坐。你哪儿不舒服？
来，躺在床上。是这儿疼吗？
这儿疼吗？
这儿呢？
什么时候开始的？
昨天晚上吃饭了吗？
大便正常吗？
去化验一下儿大便吧。
不要紧。是肠炎。我给你开点儿药，今天、明天输两天液。
行。回去以后好好儿休息。

病　人

肚子疼。
不是。
不疼。
哎哟，疼，疼。疼死我了。
昨天下午。
没有，我什么东西也不想吃。
不正常。夜里拉了4次。
大夫，化验完了。我的病不要紧吧？
您给我开张假条行吗？
谢谢大夫。

会话卡片2：

大　夫

你怎么了？
发烧不发烧？
先量一下儿体温吧。给你表。
发烧。38度4。哪天开始不舒服的？
我看看嗓子，有点儿红。咳嗽吗？
我听听。深呼吸。
没有，是感冒。先打一针，再吃点儿药。
打针好得快，不打针好得慢。你怕打针？
去药房取药吧。回去以后多喝开水，按时吃药，好好儿休息。

病　人

头疼，全身没劲。
我觉得有点儿冷，大概发烧。
发烧吧？
从前天晚上就头疼，鼻子不通。
咳嗽。
肺有毛病吗？
打针？非打不可吗？
我……不怕。

Huìhuà kǎpiàn 1:

Dàifu

Qǐngzuò. Nǐ nǎr bù shūfu?

Lái, tǎng zài chuáng shang. Shì zhèr téng ma?

Zhèr téng ma?

Zhèr ne?

Shénme shíhou kāishǐ de?

Zuótiān wǎnshang chī fàn le ma?

Dàbiàn zhèngcháng ma?

Qù huàyàn yíxiàr dàbiàn ba.

Bú yàojǐn. Shì chángyán. Wǒ gěi nǐ kāi diǎnr yào, jīntiān, míngtiān shū liǎng tiān yè.

Xíng. Huíqu yǐhòu hǎohāor xiūxi.

Bìngrén

Dùzi téng.

Bú shì.

Bù téng.

Àiyō, téng, téng. Téngsǐ wǒ le.

Zuótiān xiàwǔ.

Méiyǒu, wǒ shénme dōngxi yě bù xiǎng chī.

Bú zhèngcháng. Yèli lā le sì cì.

Dàifu, huàyàn wán le. Wǒ de bìng bú yàojǐn ba?

Nín gěi wǒ kāi zhāng jiàtiáo xíng ma?

Xièxie dàifu.

Huìhuà kǎpiàn 2:

Dàifu

Nǐ zěnme le?

Fāshāo bu fāshāo?

Xiān liáng yíxiàr tǐwēn ba. Gěi nǐ biǎo.

Fāshāo. Sānshíbā dù sì. Nǎ tiān kāishǐ bù shūfu de?

Wǒ kànkan sǎngzi, yǒudiǎnr hóng. Késou ma?

Wǒ tīngting. Shēn hūxī.

Méiyǒu, shì gǎnmào. Xiān dǎ yì zhēn, zài chī diǎnr yào.

Dǎ zhēn hǎo de kuài, bù dǎ zhēn hǎo de màn. Nǐ pà dǎ zhēn?

Qù yàofáng qǔ yào ba. Huíqu yǐhòu duō hē kāishuǐ, ànshí chī yào, hǎohāor xiūxi.

Bìngrén

Tóu téng, quán shēn méi jìn.

Wǒ juéde yǒudiǎnr lěng, dàgài fāshāo.

Fāshāo ba?

Cóng qiántiān wǎnshang jiù tóu téng, bízi bù tōng.

Késou.

Fèi yǒu máobing ma?

Dǎ zhēn? Fēi dǎ bù kě ma?

Wǒ⋯bú pà.

四 **课后练习**

查词典，每人查5个跟"看病"有关的词，并用每个词造一个句子。

拼音

Chá cídiǎn, měirén chá 5 ge gēn kànbìng yǒuguān de cí, bìng yòng měi ge cí zào yí ge jùzi.

第四课

看望病人

一 生词

1. 晚辈	名	wǎnbèi	younger generation
2. 长辈	名	zhǎngbèi	elder member of a family
3. 确诊	动	quèzhěn	diagnose
4. 阑尾炎	名	lánwěiyán	appendicitis
5. 凳子	名	dèngzi	bench
6. 手术	动、名	shǒushù	operation
7. 营养品	名	yíngyǎngpǐn	nourishment
8. 胃	名	wèi	stomach
9. 桃	名	táo	peach
10. 退烧	动	tuìshāo	to bring down a fever
11. 劲	名	jìn	strength
12. 劝阻	动	quànzǔ	to dissuade sb. from
13. 期末	名	qīmò	end of term

熟读短语和句子

| 晚辈 | 看望~ ~看望长辈 他是~ |

| 长辈 | 看望~ ~看望晚辈 我是~ |

| 确诊 | ~了吗？已经~了。还没~呢。 |

| 阑尾炎 | 得了~ 得~得做手术 |

| 凳子 | 一个~ 小~ 坐在~上 在~上坐着
这儿有~。 |

| 营养品 | 买~ 送~ 我给您买了点儿~。 |

| 胃 | ~病 得了~病 ~里不舒服
你有~病吗？我没有~病。 |

| 桃 | 买~ 买3斤~ 喜欢吃~ 鲜~ |

53

退烧	~了　　~了吗？已经~了。还没~。
劲	有~　　没~　　全身有~　　全身没~
及格	考试~了　考试不~　考试没~　60分~
劝阻	~他　　~他们　　~他们别去　　~他们不要参加
期末	到~了　　~考试　　~考试以后　　~复习
片	药~　　卡~　　肉~　　一~药
丸	药~　　~药　　~子　　一~药
血压	~高　　~低　　量~　　~不正常
用功	~的学生　　~学习　　学习很~　　学习不~

第四课 看望病人

 二 模仿

（一）功能会话：看望病人（朋友）

❶ A：听说你病了，来看看你。

B：谢谢，请坐。

A：好点儿了吗？

B：你一来，我的病就好了一半。

A：是吗？我明天再来，你的病就全好了。

❷ A：听说你感冒了，来看看你。

B：谢谢，快请坐。

A：吃药了吗？

B：吃了。你一来，我就觉得好多了。

A：是吗？我明天再来，你就更好了。

❸ A：听说你＿＿＿＿＿＿，我来看看你。

B：＿＿＿＿＿＿。

A：＿＿＿＿＿了吗？

B：＿＿＿＿＿一＿＿＿＿＿，就＿＿＿＿＿。

A：是吗？＿＿＿＿＿＿。

 拼音 Pīnyīn

❶ A：Tīngshuō nǐ bìng le, lái kànkan nǐ.

B：Xièxie, qǐng zuò.

A：Hǎo diǎnr le ma?

B：Nǐ yì lái, wǒ de bìng jiù hǎo le yíbàn.

A：Shì ma? Wǒ míngtiān zài lái, nǐ de bìng jiù quán hǎo le.

❷ A：Tīngshuō nǐ gǎnmào le, lái kànkan nǐ.

B：Xièxie, kuài qǐng zuò.

A：Chī yào le ma?

B：Chī le. Nǐ yì lái, wǒ jiù juéde hǎoduō le.

A：Shì ma? Wǒ míngtiān zài lái, nǐ jiù gèng hǎo le.

❸ A：Tīngshuō nǐ_____, wǒ lái kànkan nǐ.

B：_____.

A：_____ le ma?

B：_____ yì_____, jiù_____.

A：Shì ma? _____.

(二) 功能会话：看望病人（晚辈看望长辈1）

❶ A：老师，今天听说您病了，我代表全班同学来看看您。

B：谢谢。那儿有椅子，坐吧。

A：您什么时候住院的？

B：昨天晚上。

A：大夫给您确诊了吗？

B：确诊了。没什么大病，只是阑尾炎。

❷ A：张先生。今天才听说您病了，我来看看您。

B：谢谢。这儿有凳子，来，坐这儿。

A：您病了几天了？

B：一个多星期了。

A：大夫给您检查了吗？

B：检查了。没什么大毛病，是肠炎。

❸ A：_____，今天_____。

B：谢谢。这儿有椅子，坐在这儿。

A：_____？

B：三天了。

A：大夫给您_____？

B：确诊了。没什么大毛病，是_____。

拼音 Pīnyīn

❶ A：Lǎoshī, jīntiān tīngshuō nín bìng le, wǒ dàibiǎo quánbān tóngxué lái kànkan nín.

B：Xièxie. Nàr yǒu yǐzi, zuò ba.

A：Nín shénme shíhou zhùyuàn de?

B：Zuótiān wǎnshang.

A：Dàifu gěi nín quèzhěn le ma?

B：Quèzhěn le. Méi shénme dà bìng, zhǐshì lánwěiyán.

❷ A：Zhāng Xiānsheng, jīntiān cái tīngshuō nín bìng le, wǒ lái kànkan nín.

B：Xièxie. Zhèr yǒu dèngzi, lái, zuò zhèr.

A：Nín bìng le jǐ tiān le?

B：Yí ge duō xīngqī le.

A：Dàifu gěi nín jiǎnchá le ma?

B：Jiǎnchá le. Méi shénme dà máobing, shì chángyán.

❸ A：_____，jīntiān_____.

B：Xièxie. Zhèr yǒu yǐzi, zuò zài zhèr.

A：_____？

B：Sān tiān le.

A：Dàifu gěi nín_____？

B：Quèzhěn le. Méi shénme dà máobing, shì_____.

（三）功能会话：看望病人（晚辈看望长辈2）

❶ A：做手术了吗？

B：做了。

A：您现在觉得哪儿不舒服？

B：刚做完手术，有点儿疼。

A：别着急，过两天就不疼了。我们给您买了点儿营养品。

B：来看看就行了，还买东西干什么。

❷ A：输液了吗？

B：输了。

A：您现在好点儿了吗？

B：好点儿了。不过胃还有点儿不舒服。

A：别着急，过几天就好了。我给您买了点儿苹果和桃，都是您喜欢吃的。

B：看看我就行了，花那么多钱干什么。

❸ A：_____了吗？

B：_____。

A：您现在_____？

B：现在好多了，已经退烧了，只是全身没劲。

A：别着急，_____。我给您买了_____。

B：看看我就行了，买那么多吃的干什么。

拼音 Pīnyīn

❶ A：Zuò shǒushù le ma?

B：Zuò le.

A：Nín xiànzài juéde nǎr bù shūfu?

B：Gāng zuòwán shǒushù, yǒu diǎnr téng.

A：Bié zháojí, guò liǎng tiān jiù bù téng le. Wǒmen gěi nín mǎi le diǎnr yíngyǎngpǐn.

B：Lái kànkan jiù xíng le, hái mǎi dōngxi gàn shénme.

❷ A：Shū yè le ma?

B：Shū le.

A：Nín xiànzài hǎo diǎnr le ma?

B：Hǎo diǎnr le. Búguò wèi hái yǒu diǎnr bù shūfu.

A：Bié zháojí, guò jǐ tiān jiù hǎo le. Wǒ gěi nín mǎi le diǎnr píngguǒ hé táo, dōu shì nín xǐhuan chī de.

B：Kànkan wǒ jiù xíng le, huā nàme duō qián gàn shénme.

❸ A：_____le ma?

B：_____.

A：Nín xiànzài_____?

B：Xiànzài hǎo duō le, yǐjīng tuìshāo le, zhǐshì quánshēn méi jìn.

A：Bié zháojí, _____. Wǒ gěi nín mǎi le_____.

B：Kànkan wǒ jiù xíng le, mǎi nàme duō chī de gàn shénme.

（四）功能会话：问结果／请求／劝阻

❶ A：你找着辅导老师了没有？

B：找着了。

A：你也帮我找一位辅导老师吧。

B：你的病还没好呢，别这么着急。

❷ A：你找着词典了没有？

B：找着了。

A：借我用一下儿，可以吗？

B：你还没吃饭呢，吃完饭再翻译！

❸ A：你_____了没有？

B：_____了。

A：_____，可以吗？

B：你还没_____呢，_____！

拼音 Pīnyīn

❶ A：Nǐ zhǎozháo fǔdǎo lǎoshī le méiyou?

B：Zhǎozháo le.

A：Nǐ yě bāng wǒ zhǎo yí wèi fǔdǎo lǎoshī ba.

B：Nǐ de bìng hái méi hǎo ne, bié zhème zháojí.

❷ A：Nǐ zhǎozháo cídiǎn le méiyou?

B：Zhǎozháo le.

A：Jiè wǒ yòng yíxiàr, kěyǐ ma?

B：Nǐ hái méi chī fàn ne, chīwán fàn zài fānyì.

❸ A：Nǐ_____le méiyou?

　B：_____le.

　A：_____, kěyǐ ma?

　B：Nǐ hái méi _____ne, _____!

（五）功能会话：问结果

❶ A：该睡觉了，你做完作业了吗？

　B：还没做完。你呢？

　A：已经做完了。

　B：课文的意思看懂没看懂？

　A：看懂了。

　B：我没看懂，你给我讲讲吧。

❷ A：下周就要期末考试了，你复习完了吗？

　B：还没复习完。你呢？

　A：复习完了。

　B：课文的录音听懂没听懂？

　A：听懂了。

　B：我没听懂，你给我讲讲吧。

❸ A：要_____了，你_____了吗？

　B：还没_____。你呢？

　A：_____了。

　B：_____没_____？

　A：_____了。

　B：我没_____，你给我讲讲吧。

拼音 Pīnyīn

1 A：Gāi shuìjiào le, nǐ zuòwán zuòyè le ma?
　B：Hái méi zuòwán. Nǐ ne?
　A：Yǐjīng zuòwán le.
　B：Kèwén de yìsi kàndǒng méi kàndǒng?
　A：Kàndǒng le.
　B：Wǒ méi kàndǒng, nǐ géi wǒ jiǎngjiang ba.

2 A：Xiàzhōu jiù yào qīmò kǎoshì le, nǐ fùxí wán le ma?
　B：Hái méi fùxí wán. Nǐ ne?
　A：Fùxí wán le.
　B：Kèwén de lùyīn tīngdǒng méi tīngdǒng?
　A：Tīngdǒng le.
　B：Wǒ méi tīngdǒng, nǐ gěi wǒ jiǎngjiang ba.

3 A：Yào_____le, nǐ_____le ma?
　B：Hái méi_____. Nǐ ne?
　A：_____le.
　B：_____méi_____?
　A：_____le.
　B：Wǒ méi_____, nǐ géi wǒ jiǎngjiang ba.

综合练习

（一）完成会话：山本正病了，大内来宿舍看他

　　大内：听说_____，来看看你。

山本：谢谢，请坐。

大内：你现在_____？

山本：吃药以后_____。

大内：中午吃饭怎么样？

山本：_____。对了，今天我没上课，老师讲什么了？

大内：没讲新课，只复习旧课了。

山本：太好了，我一点儿没_____。

大内：你别_____，后天有考试。

山本：糟糕，明天我复习不完了，这真是人们常说的：_____。

Dànèi：Tīngshuō_____, lái kànkan nǐ.

Shānběn：Xièxie, qǐng zuò.

Dànèi：Nǐ xiànzài_____?

Shānběn：Chī yào yǐhòu_____.

Dànèi：Zhōngwǔ chī fàn zěnmeyàng?

Shānběn：_____. Duì le, jīntiān wǒ méi shàng kè, lǎoshī jiǎng shénme le?

Dànèi：Méi jiǎng xīn kè, zhǐ fùxí jiù kè le.

Shānběn：Tài hǎo le, wǒ yìdiǎnr méi_____.

Dànèi：Nǐ bié_____, hòutiān yǒu kǎoshì.

Shānběn：Zāogāo, míngtiān wǒ fùxí bù wán le, zhè zhēn shì rénmen cháng shuō de: _____.

（二）读课文《小冬病了》，然后回答问题并复述

昨天天气特别热，小冬房间的电扇开了一夜，今天他就头疼，咳嗽。小冬学习非常用功。他怕耽误上课，来到医院想让大夫给他打针。大夫说："你这是感冒，不用打针，吃点儿药就会好的。"

大夫给小冬开了一些药。有中药也有西药；有药片，也有丸药。药片一天三次，每次两片；丸药一天两次，一次一丸。大夫说："要多喝开水，好好儿休息。以后不能开着电扇睡觉了。"

Zuótiān tiānqì tèbié rè, Xiǎodōng fángjiān de diànshàn kāi le yí yè, jīntiān tā jiù tóuténg, késou. Xiǎodōng xuéxí fēicháng yònggōng. Tā pà dānwù shàng kè, láidào yīyuàn xiǎng ràng dàifu gěi tā dǎ zhēn. Dàifu shuō:"Nǐ zhè shì gǎnmào, bú yòng dǎ zhēn, chī diǎnr yào jiù huì hǎo de."

Dàifu gěi Xiǎodōng kāi le yìxiē yào. Yǒu zhōngyào yě yǒu xīyào; yǒu yàopiàn, yě yǒu wányào. Yàopiàn yì tiān sān cì, měi cì liǎng piàn; wányào yì tiān liǎng cì, yí cì yì wán. Dàifu shuō:"Yào duō hē kāishuǐ, hǎohāor xiūxi. Yǐhòu bù néng kāizhe diànshàn shuìjiào le."

四 课后练习

（一）设计对话：看望一个朋友

（二）设计对话：看望一位长辈

拼音

（一）Shèjì duìhuà: Kànwàng yí ge péngyou

（二）Shèjì duìhuà: Kànwàng yí wèi zhǎngbèi

第五课

在邮局

生词

1.	收件人	名	shōujiànrén	consignee
2.	地址	名	dìzhǐ	address
3.	邮政编码		yóuzhèng biānmǎ	postcode
4.	改	名	gǎi	to correct, to change
5.	寄件人	名	jìjiànrén	sender
6.	艺术	名	yìshù	art
7.	护照	名	hùzhào	passport
8.	身份证	名	shēnfènzhèng	identity card
9.	汇款	动、名	huì kuǎn	to make remittance, remittance
10.	特快专递		tèkuài zhuāndì	EMS
11.	装	动	zhuāng	to put sth. in
12.	口袋	名	kǒudài	bag, big envelope
13.	称	动	chēng	to weigh
14.	贺卡	名	hèkǎ	card

熟读短语和句子

收件人	~的地址　　~的姓名
改	~错　　~句子　　~文章　　~一下这个字
寄件人	~的地址　　~的姓名
艺术	中国~　　京剧~　　喜欢~　　学习~　　~学校
护照	一本~　　我的~　　你的~呢？我的~丢了。
身份证	你的~　　你带~了吗？给你~
汇款	~单　　取~　　给弟弟~　　给妹妹~　　收到~
口袋	在~里　　上衣~　　裤子~　　把书装在~里 把钱包放在~里
称	~一下　　~一~　　~重　　~一下体重

| 贺卡 | 一张~　　生日~　　寄~　　收到一张~　　买~ 送你一张~ |

| 填 | ~表　　~空　　~单子　　用钢笔~ |

| 纪念 | ~品　　~册　　~邮票　　~一个人 |

| 重新 | ~写一下　　~填一下　　~包装一下　　~布置一下 |

 模仿

（一）功能会话：在邮局寄书

❶ A：先生，我想往美国寄点儿东西。
B：寄什么东西？
A：一些书。
B：请打开看看。这样包装不行。
A：我不知道怎么包，麻烦您帮我包一下儿。

❷ A：小姐，我要往天津寄点儿东西。
B：什么东西？
A：几本画报。

B：请打开看看。这样包装不行。

A：我不会包装，请您帮我重新包一下儿。

❸ A：_____，我要往_____寄点儿东西。

B：什么东西？

A：_____。

B：请打开看看。这样包装不行。

A：_____。

拼音 Pīnyīn

❶ A：Xiānsheng, wǒ xiǎng wǎng Měiguó jì diǎnr dōngxi.

B：Jì shénme dōngxi?

A：Yìxiē shū.

B：Qǐng dǎkāi kànkan. Zhèyàng bāozhuāng bù xíng.

A：Wǒ bù zhīdào zěnme bāo, máfan nín bāng wǒ bāo yíxiàr.

❷ A：Xiǎojiě, wǒ yào wǎng Tiānjīn jì diǎnr dōngxi.

B：Shénme dōngxi?

A：Jǐ běn huàbào.

B：Qǐng dǎkāi kànkan. Zhèyàng bāozhuāng bù xíng.

A：Wǒ bú huì bāozhuāng, qǐng nín bāng wǒ chóngxīn bāo yíxiàr.

❸ A：_____, wǒ yào wǎng_____jì diǎnr dōngxi.

B：Shénme dōngxi?

A：_____.

B：Qǐng dǎkāi kànkan. Zhèyàng bāozhuāng bù xíng.

A：＿＿＿＿＿＿＿＿＿＿．

（二）功能会话：在邮局托运

❶ A：海运还是空运？

　　B：空运多长时间？

　　A：一个星期。

　　B：海运呢？

　　A：两个月。

　　B：空运吧。

❷ A：海运还是空运？

　　B：空运多少钱？

　　A：300块。

　　B：海运呢？

　　A：80块。

　　B：海运吧。

❸ A：海运还是空运？

　　B：空运＿＿＿＿＿＿？

　　A：＿＿＿＿＿＿＿＿。

　　B：海运呢？

　　A：＿＿＿＿＿＿＿＿。

　　B：＿＿＿＿＿＿吧。

拼音Pīnyīn

❶ A：Hǎiyùn háishi kōngyùn?

B：Kōngyùn duōcháng shíjiān?

A：Yí ge xīngqī.

B：Hǎiyùn ne?

A：Liǎng ge yuè.

B：Kōngyùn ba.

❷ A：Hǎiyùn háishi kōngyùn?

B：Kōngyùn duōshao qián?

A：Sānbǎi kuài.

B：Hǎiyùn ne?

A：Bāshí kuài.

B：Hǎiyùn ba.

❸ A：Hǎiyùn háishi kōngyùn?

B：Kōngyùn_____?

A：_____.

B：Hǎiyùn ne?

A：_____.

B：_____ba.

（三）功能会话：在邮局填写单子

1 A：你的单子填好了吗？
　　B：填好了。您看，这样填行吗？
　　A：这儿写得不清楚，你得重新填一下儿。
　　B：对不起。现在行了吗？
　　A：行了。

2 A：你的单子填好了吗？
　　B：填好了。您看，可以吗？
　　A：收件人的地址写在这儿，还得写上邮政编码。
　　B：我改完了。现在可以了吗？
　　A：好，没有问题了。

3 A：你的单子填好了吗？
　　B：填好了。＿＿＿＿＿＿？
　　A：寄件人的姓名和地址不清楚。你得重新填一下儿。
　　B：＿＿＿＿＿，＿＿＿＿＿？
　　A：行了。

拼音 Pīnyīn

1 A：Nǐ de dānzi tiánhǎo le ma?
　　B：Tiánhǎo le. Nín kàn, zhèyàng tián xíng ma?
　　A：Zhèr xiě de bù qīngchu, nǐ děi chóngxīn tián yíxiàr.
　　B：Duìbuqǐ, xiànzài xíng le ma?
　　A：Xíng le.

❷ A：Nǐ de dānzi tiánhǎo le ma?

B：Tiánhǎo le. Nín kàn, kěyǐ ma?

A：Shōujiànrén de dìzhǐ xiě zài zhèr, hái děi xiě shang yóuzhèng biānmǎ.

B：Wǒ gǎiwán le. Xiànzài kěyǐ le ma?

A：Hǎo, méiyou wèntí le.

❸ A：Nǐ de dānzi tiánhǎo le ma?

B：Tiánhǎo le._____?

A：Jìjiànrén de xìngmíng hé dìzhǐ bù qīngchu. Nǐ děi chóngxīn tián yíxiàr.

B：_____，_____?

A：Xíng le.

（四）功能会话：在邮局买邮票

❶ A：小姐，有新出的纪念邮票吗？

B：有。这些都是新出的纪念邮票。

A：这几种一共多少钱？

B：360块。

A：每种来一套。

B：看来你是个集邮迷。

A：不是，我给我爸爸买，他是个集邮迷。

❷ A：先生，有京剧的纪念邮票吗？

B：有。这些都是京剧的纪念邮票。

A：这套一共多少张？

B：5张。

A：我买两套。

B：看来你很喜欢京剧艺术。

A：我给我朋友买。她非常喜欢中国的京剧，也是一个集邮迷。

❸ A：_____？

　　B：有。这些都是_____的纪念邮票。

　　A：_____？

　　B：这两套一共12块。

　　A：我买_____。

　　B：看来_____。

　　A：_____。

拼音 Pīnyīn

❶ A：Xiǎojiě, yǒu xīn chū de jìniàn yóupiào ma?

　　B：Yǒu. Zhèxiē dōu shì xīn chū de jìniàn yóupiào.

　　A：Zhè jǐ zhǒng yígòng duōshao qián?

　　B：Sānbǎi liùshí kuài.

　　A：Měi zhǒng lái yí tào.

　　B：Kànlái nǐ shì ge jíyóumí.

　　A：Bú shì, wǒ gěi wǒ bàba mǎi, tā shì ge jíyóumí.

❷ A：Xiānsheng, yǒu jīngjù de jìniàn yóupiào ma?

　　B：Yǒu. Zhèxiē dōu shì jīngjù de jìniàn yóupiào.

　　A：Zhè tào yígòng duōshao zhāng?

　　B：Wǔ zhāng.

　　A：Wǒ mǎi liǎng tào.

B：Kànlái nǐ hěn xǐhuan jīngjù yìshù.

A：Wǒ gěi wǒ péngyou mǎi. Tā fēicháng xǐhuan Zhōngguó de jīngjù, yě shì yí ge jíyóumí.

❸ A：_____?

B：Yǒu. Zhèxiē dōu shì_____de jìniàn yóupiào.

A：_____?

B：Zhè liǎng tào yígòng shíèr kuài.

A：Wǒ mǎi_____.

B：Kànlái_____.

A：_____.

（五）功能会话：在邮局取包裹和汇款

❶ A：小姐，我取包裹。

B：你的包裹单呢？

A：给你。

B：有护照吗？

A：对不起，我没带护照，身份证行吗？

B：行。

❷ A：先生，我取汇款。

B：你的汇款单呢？

A：这儿呢。

B：有身份证吗？

A：对不起，我没带身份证，护照行吗？

B：行。

❸ A：_____，我取_____。

　B：你的_____呢？

　A：_____。

　B：_____有吗？

　A：对不起，我没带_____，_____行吗？

　B：行。

拼音 Pīnyīn

❶ A：Xiǎojiě, wǒ qǔ bāoguǒ.

　B：Nǐ de bāoguǒdān ne?

　A：Gěi nǐ.

　B：Yǒu hùzhào ma?

　A：Duìbuqǐ, wǒ méi dài hùzhào, shēnfènzhèng xíng ma?

　B：Xíng.

❷ A：Xiānsheng, wǒ qǔ huìkuǎn.

　B：Nǐ de huìkuǎndān ne?

　A：Zhèr ne.

　B：Yǒu shēnfènzhèng ma?

　A：Duìbuqǐ, wǒ méi dài shēnfènzhèng, hùzhào xíng ma?

　B：Xíng.

❸ A：_____, wǒ qǔ_____.

　B：Nǐ de_____ne?

　A：_____.

B：＿＿＿＿＿＿＿＿＿＿yǒu ma?

A：Duìbuqǐ, wǒ méi dài＿＿＿＿＿＿＿＿，＿＿＿＿＿＿＿＿xíng ma?

A：Xíng.

综合练习

（一）完成会话：贝拉在邮局给哥哥寄书，她哥哥在意大利一所大学学习中国文学，是四年级的学生

贝　拉：小姐，这儿可以寄特快专递吗？

营业员：可以。你寄什么东西？

贝　拉：＿＿＿＿＿＿＿＿＿＿＿＿＿。

营业员：啊，都是＿＿＿＿＿＿＿＿。

贝　拉：对。

营业员：看来＿＿＿＿＿＿＿＿＿。

贝　拉：不，这些书是寄给＿＿＿＿＿＿＿＿。

营业员：＿＿＿＿＿＿＿＿＿。他汉语水平一定＿＿＿＿＿＿＿＿。

贝　拉：是的。他＿＿＿＿＿＿＿＿＿。

营业员：你汉语说得＿＿＿＿＿＿＿＿。

贝　拉：＿＿＿＿＿＿＿＿＿＿＿＿＿。

营业员：把书装在这个口袋里。

贝　拉：你看行吗？

营业员：行。我称一下儿。邮费是＿＿＿＿＿＿＿＿。这是＿＿＿＿＿＿＿＿。

贝　拉：谢谢。

Bèilā: Xiǎojiě, zhèr kěyǐ jì tèkuài zhuāndì ma?

Yíngyèyuán: Kěyǐ. Nǐ jì shénme?

Bèilā: _____.

Yíngyèyuán: Ā, dōu shì_____.

Bèilā: Duì.

Yíngyèyuán: Kànlái_____.

Bèilā: Bù, zhèxiē shū shì jìgěi_____.

Yíngyèyuán: _____. Tā Hànyǔ shuǐpíng yídìng_____.

Bèilā: Shì de. Tā_____.

Yíngyèyuán: Nǐ Hànyǔ shuō de_____.

Bèilā: _____.

Yíngyèyuán: Bǎ shū zhuāng zài zhè ge kǒudài li.

Bèilā: Nǐ kàn xíng ma?

Yíngyèyuán: Xíng. Wǒ chēng yíxiàr. Yóufèi shì_____. Zhè shì_____.

Bèilā: Xièxie.

（二）完成会话：金汉成在邮局寄信，还买邮票

金汉成：_____，我寄_____。

营业员：贴_____。

金汉成：这些_____真漂亮，我买_____。

营业员：一共_____。

金汉成：给你钱。

营业员：你这是_____，找你_____。

Jīn Hànchéng: _____, wǒ jì_____.

Yíngyèyuán: Tiē_____.

Jīn Hànchéng: Zhèxiē_____zhēn piàoliang, wǒ mǎi_____
_____.

Yíngyèyuán: Yígòng_____.

Jīn Hànchéng: Gěi nǐ qián.

Yíngyèyuán: Nǐ zhè shì_____, zhǎo nǐ_____.

 四 课后练习

（一）把下面的对话改成叙述

小　王：小姐，这儿可以寄特快专递吗？

营业员：可以。你寄什么？

小　王：一封信，一张生日贺卡，还有两本书。

营业员：先填一张单子。把这些都装在口袋里。

……

小　王：单子填好了，给你。多少钱？

营业员：我称一下儿，一共88块。

小　王：几天能到上海？

营业员：国内的特快专递一般两三天就到了。

小　王：今天是星期四，星期天到没问题吧？

营业员：应该没有问题。这是收据，请收好。

（小王回到学校）

丁　兰：小王，你去哪儿了？怎么才回来？

小　王：我去邮局了。找我有事吗？

丁　兰：你的男朋友从上海打来电话，我到处找你也没找到。

小　王：是吗？星期天是他的生日。我去邮局给他寄了一张生日贺卡和两本书。

丁　兰：今天是星期四，他星期天能收到吗？
小　王：我寄的是特快专递。营业员说国内的特快专递一般两三天就到。
丁　兰：对了，他说7点钟再给你打电话，让你在宿舍等他。
小　王：他还说别的了吗？
丁　兰：没有。别的话他能对我说吗？

拼音

（一）Bǎ xiàmiàn de duìhuà gǎichéng xùshù

Xiǎo Wáng： Xiǎojiě, zhèr kěyǐ jì tèkuài zhuāndì ma?

Yíngyèyuán： Kěyǐ. Nǐ jì shénme?

Xiǎo Wáng： Yì fēng xìn, yì zhāng shēngrì hèkǎ, hái yǒu liǎng běn shū.

Yíngyèyuán： Xiān tián yì zhāng dānzi. Bǎ zhèxiē dōu zhuāng zài kǒu-dài li.

　　……

Xiǎo Wáng： Dānzi tiánhǎo le, Gěi nǐ. Duōshao qián?

Yíngyèyuán： Wǒ chēng yíxiàr, yígòng bā shí bā kuài.

Xiǎo Wáng： Jǐ tiān néng dào Shànghǎi?

Yíngyèyuán： Guónèi de tèkuài zhuāndì yìbān liǎng-sān tiān jiù dào le.

Xiǎo Wáng： Jīntiān shì xīngqīsì, xīngqītiān dào méi wèntí ba?

Yíngyèyuán： Yīnggāi méiyou wèntí. Zhè shì shōujù, qǐng shōu hǎo.

（Xiǎo Wáng huídào xuéxiào）

Dīng Lán： Xiǎo Wáng, nǐ qù nǎr le? Zěnme cái huílai?

Xiǎo Wáng： Wǒ qù yóujú le. Zhǎo wǒ yǒu shì ma?

Dīng Lán： Nǐ de nán péngyou cóng Shànghǎi dǎlái diànhuà, wǒ dàochù zhǎo nǐ yě méi zhǎodào.

Xiǎo Wáng： Shì ma? Xīngqītiān shì tā de shēngrì. Wǒ qù yóujú gěi tā jì le yì zhāng shēngrì hèkǎ hé liǎng běn shū.

Dīng Lán： Jīntiān shì xīngqīsì, tā xīngqītiān néng shōudào ma?

Xiǎo Wáng： Wǒ jì de shì tèkuài zhuāndì. Yíngyèyuán shuō guónèi de tèkuài zhuāndì yìbān liǎng sān tiān jiù dào.

Dīng Lán： Duì le, tā shuō qī diǎnzhōng zài gěi nǐ dǎ diànhuà, ràng nǐ zài sùshè děng tā.

Xiǎo Wáng： Tā hái shuō biéde le ma?

Dīng Lán： Méiyou. Biéde huà tā néng duì wǒ shuō ma?

第六课

表示方向

生词

1.	开会		kāi huì	to have a meeting
2.	刚才	名	gāngcái	just now
3.	课本	名	kèběn	textbook
4.	特产	名	tèchǎn	local product
5.	肯定	形、动	kěndìng	to approve; definite
6.	录像	动、名	lùxiàng	to videotape
7.	录像带	名	lùxiàngdài	videotape
8.	倒霉	形	dǎo méi	to have bad luck
9.	醒	动	xǐng	to wake up
10.	打仗		dǎ zhàng	to fight
11.	堆	动	duī	to pile
12.	雪人	名	xuěrén	snowman

熟读短语和句子

开会	在办公室~	在礼堂~	~以前	~以后

第六课　表示方向

刚才	~你去哪儿了？ ~你说什么？我~去书店了。他~还在这儿。
课本	我的~　他的~　新~　这是谁的~？这是小王的~。我忘了带~了。
磁带	音乐~　课文~　买~　一盘~　送你一盘~我的~忘在宿舍了。
特产	北京~　山东~　南方~　南方的一些~请你尝尝北京的~。
肯定	我~　你~吗？~是这样。你~喜欢。
录像	~带　看~　喜欢看~　常常看~
倒霉	真~　很~　非常~　~极了
醒	睡~了　还没睡~　你什么时候~的？我一直~着。
打仗	打雪仗　喜欢打雪仗　孩子们喜欢打雪仗。
堆	~雪人　~一个雪人　~一个大雪人

85

模仿

（一）功能会话：表示动作的方向（1）

❶ A：看见王老师了吗？

　　B：他在里边开会。找他有事吗？

　　A：有事。

　　B：你看，王老师出来了。

❷ A：你看见小李了吗？

　　B：刚才他还在这屋里。找他有事吗？

　　A：有事。

　　B：你看，他进来了。

❸ A：看见_____了吗？

　　B：_____。找他有事吗？

　　A：有事。

　　B：你看，_____。

 拼音 Pīnyīn

❶ A：Kànjiàn Wáng Lǎoshī le ma?

　　B：Tā zài lǐbian kāi huì. Zhǎo tā yǒu shì ma?

　　A：Yǒu shì.

　　B：Nǐ kàn, Wáng Lǎoshī chūlai le.

❷ A：Nǐ kànjiàn Xiǎo Lǐ le ma?

B：Gāngcái tā hái zài zhè wūli. Zhǎo tā yǒu shì ma?

A：Yǒu shì.

B：Nǐ kàn, Tā jìnlai le.

❸ A：Kànjiàn_____le ma?

B：_____. Zhǎo tā yǒu shì ma?

A：Yǒu shì.

B：Nǐ kàn, _____.

（二）功能会话：表示动作的方向（2）

❶ A：都上来了吗？

B：小夏还没上来。

A：怎么没看见王路？

B：我看见了。他上来以后又下去了。

❷ A：都下来了吗？

B：小马和小张没下来。

A：怎么没看见小陈？

B：我看见了。他下来以后又上去了。

❸ A：都_____了吗？

B：_____还没_____。

A：怎么没看见_____？

B：我看见了。他_____以后又_____了。

拼音 Pīnyīn

❶ A：Dōu shànglai le ma?
　B：Xiǎo Xià hái méi shànglai.
　A：Zěnme méi kànjiàn Wáng Lù?
　B：Wǒ kànjiàn le. Tā shànglai yǐhòu yòu xiàqu le.

❷ A：Dōu xiàlai le ma?
　B：Xiǎo Mǎ hé Xiǎo Zhāng méi xiàlai.
　A：Zěnme méi kànjiàn Xiǎo Chén?
　B：Wǒ kànjiàn le. Tā xiàlai yǐhòu yòu shàngqu le.

❸ A：Dōu＿＿＿＿＿＿le ma?
　B：＿＿＿＿＿＿hái méi＿＿＿＿＿＿.
　A：Zěnme méi kànjiàn＿＿＿＿＿＿?
　B：Wǒ kànjiàn le. Tā＿＿＿＿＿＿yǐhòu yòu＿＿＿＿＿＿le.

（三）功能会话：表示动作的方向（3）

❶ A：快上课了，大家都进来吧。
　B：老师，对不起，我得出去一下儿。
　A：有事儿吗？
　B：我忘了带课本了，我得回宿舍去取。

❷ A：已经下课了，大家可以回去了。
　B：老师，对不起，我得回去一下儿。
　A：有什么事儿吗？
　B：我的MP3忘了拿了，我得回去取。

❸ A：快要开车了，请车下的同学快_____。

　　B：老师，对不起，我得_____。

　　A：有什么事儿吗？

　　B：_____，我得_____。

拼音 Pīnyīn

❶ A：Kuài shàng kè le, dàjiā dōu jìnlai ba.

　　B：Lǎoshī, duìbuqǐ, wǒ děi chūqu yíxiàr.

　　A：Yǒu shìr ma?

　　B：Wǒ wàngle dài kèběn le, wǒ děi huí sùshè qù qǔ.

❷ A：Yǐjīng xià kè le, dàjiā kěyǐ huíqu le.

　　B：Lǎoshī, duìbuqǐ, wǒ děi huíqu yíxiàr.

　　A：Yǒu shénme shìr ma?

　　B：Wǒ de MP3 wàngle ná le, wǒ děi huíqu qǔ.

❸ A：Kuài yào kāi chē le, qǐng chēxià de tóngxué kuài_____.

　　B：Lǎoshī, duìbuqǐ, wǒ děi_____.

　　A：Yǒu shénme shìr ma?

　　B：_____, wǒ děi_____.

（四）功能会话：打电话邀请

❶ A：小夏吗？我是大成。我妈妈给我寄来了一些吃的，你过来尝尝吧。

　　B：什么好吃的？

　　A：是南方的一些特产。你肯定会喜欢的。

B：那我下班以后过去吧。对了，你不是要看录像吗？我给你带去两张DVD吧。

❷ A：小张吗？我是大内。我姐姐给我拿来一些吃的，你过来尝尝吧。

B：什么好吃的？

A：是日本的小点心。你肯定会喜欢的。

B：那我晚上过去吧。对了，你不是要听音乐吗？我给你带去两张CD吧。

❸ A：_____吗？我是_____。姐姐给我_____一些吃的。你_____尝尝吧。

B：什么好吃的？

A：是_____。你肯定会喜欢的。

B：那我_____吧，对了，你不是要_____吗？我给你_____ _____吧。

拼音 Pīnyīn

❶ A: Xiǎo Xià ma? Wǒ shì Dàchéng. Wǒ māma gěi wǒ jìlái le yìxiē chīde, nǐ guòlai chángchang ba.

B: Shénme hǎochī de?

A: Shì nánfāng de yìxiē tèchǎn. Nǐ kěndìng huì xǐhuan de.

B: Nà wǒ xià bān yǐhòu guòqu ba. Duì le, nǐ bú shì yào kàn lùxiàng ma? Wǒ gěi nǐ dàiqù liǎng zhāng DVD ba.

❷ A：Xiǎo Zhāng ma? Wǒ shì Dànèi. Wǒ jiějie gěi wǒ nálái yìxiē chīde. Nǐ guòlai chángchang ba.

B：Shénme hǎochī de?

A：Shì Rìběn de xiǎo diǎnxin. Nǐ kěndìng huì xǐhuan de.

B：Nà wǒ wǎnshang guòqu ba. Duì le, Nǐ bú shì yào tīng yīnyuè ma? Wǒ gěi nǐ dàiqù liǎng zhāng CD ba.

❸ A：_____ma? Wǒ shì_____. Jiějie gěi wǒ_____ yìxiē chīde. Nǐ_____chángchang ba.

B：Shénme hǎochī de?

A：Shì_____. Nǐ kěndìng huì xǐhuan de.

B：Nà wǒ_____ba. Duì le, nǐ bú shì yào_____ma? Wǒ gěi nǐ_____ba.

综合练习

（一）选词填空，然后两人一组会话

回来、回去、出来、出去、打来、带来、放下、坐下

A：昨天我可真倒霉。

B：怎么了？

A：我去城里办事，_____晚了，食堂已经关门了。

B：那你去饭馆吃吧。

A：是啊。我刚要_____，电话响了。

B：谁_____的？

A：我的一个朋友。他说他刚从日本_____，妈妈让他给我_____了一些吃的。

B：那多好啊！你有吃的了。

A：不行，那个朋友还在天津呢，明天才来北京。

B：是吗？那你还得去饭馆。

A：我_____电话，从家里_____，到饭馆刚_____，糟糕！

B：又怎么了？

A：我忘了带钱了，还得_____取。

A：Zuótiān wǒ kě zhēn dǎoméi.

B：Zěnme le?

A：Wǒ qù chénglǐ bàn shì, _____ wǎn le, shítáng yǐjīng guān mén le.

B：Nà nǐ qù fànguǎn chī ba.

A：Shì a. Wǒ gāng yào_____, diànhuà xiǎng le.

B：Shuí_____de?

A：Wǒ de yí ge péngyou. Tā shuō tā gāng cóng Rìběn_____, māma ràng tā gěi wǒ_____le yìxiē chīde.

B：Nà duó hǎo a! Nǐ yǒu chīde le.

A：Bùxíng, nà ge péngyou hái zài Tiānjīn ne, míngtiān cái lái Běijīng.

B：Shì ma? Nà nǐ hái děi qù fànguǎn.

A：Wǒ_____ diànhuà, cóng jiāli_____, dào fànguǎn gāng_____, zāogāo!

B：Yòu zěnme le?

A：Wǒ wàngle dài qián le, hái děi_____qǔ.

（二）完成会话：贝拉和白华谈话

贝拉：老师，我还不太明白"出来"、"出去"、"上来"、"下来"的用法。

白华：你看，我和艾米在教室，你在外面叫我，你怎么说？

贝拉：老师，请_____一下儿。

白华：对了。我对艾米说什么？

贝拉：我_____一下儿。我知道了。要是我在楼上，您在楼下，我就说："老师，请您_____一下儿。"您叫我的时候就说："快_____吧。"

Bèilā: Lǎoshī, wǒ hái bú tài míngbai "chūlai", "chūqu", "shànglai", "xiàlai" de yòngfǎ.

Bái Huá: Nǐ kàn, wǒ hé Àimǐ zài jiàoshì, nǐ zài wàimiàn jiào wǒ, nǐ zěnme shuō?

Bèilā: Lǎoshī, qǐng_____yíxiàr.

Bái Huá: Duì le. Wǒ duì Àimǐ shuō shénme?

Bèilā: Wǒ_____yíxiàr. Wǒ zhīdào le. Yàoshì wǒ zài lóu shàng, nín zài lóu xià, wǒ jiù shuō "Lǎoshī, qǐng nín _____yíxiàr." Nín jiào wǒ de shíhou jiù shuō: "Kuài _____ba."

四 课后练习

（一）课文：《下雪了》

今天是新年。小明早上醒来，已经七点半了。妈妈叫他起床："小明，快起来，你看，下雪了。"小明马上到窗边往下看。地上、房子上、树上都是白的，真漂亮！小明的家在四层楼。他想马上下去玩儿雪。可是妈妈说先吃饭,吃了饭再下去。小明很快地喝了一杯牛奶,又吃了一个面包。他问妈妈:"我可以下去了吗?"妈妈说:"可以。不过玩儿一会儿就上来。外面太冷。"小明高兴极了,他想先去找他的好朋友小亮。小亮家在六层,小明还没上去,就在窗边看见小亮正从窗户往楼下看呢。他大声喊:"小亮,快下来!"过了一会儿,住在楼上的小朋友们都下来了。他们打雪仗、堆雪人,玩儿得非常高兴。

(二)复述课文

拼音

(一) Kèwén: *Xiàxuě le*

  Jīntiān shì xīnnián. Xiǎomíng zǎoshang xǐnglái, yǐjīng qī diǎn bàn le. Māma jiào tā qǐchuáng:"Xiǎomíng, kuài qǐlai, nǐ kàn, xià xuě le." Xiǎomíng mǎshàng dào chuānghu qiánbian wǎng xià kàn. Dì shang, fángzi shang, shù shang dōu shì bái de, zhēn piàoliang! Xiǎomíng de jiā zài sì céng lóu. Tā xiǎng mǎshàng xiàqu wánr xuě. Kěshì māma shuō xiān chī fàn, chīle fàn zài xiàqu. Xiǎomíng hěn kuài de hē le yì bēi niúnǎi, yòu chī le yí ge miànbāo. Tā wèn māma:"Wǒ kěyǐ xiàqu le ma?" Māma shuō:"kěyǐ. Búguò wánr yíhuìr jiù shànglai. Wàimiàn tài lěng." Xiǎomíng gāoxìng jí le, tā xiǎng xiān qù zhǎo tā de hǎo péngyou Xiǎoliàng. Xiǎoliàng jiā zài liù céng. Xiǎomíng hái méi shàngqu, jiù zài chuāngbiān kànjiàn Xiǎoliàng zhèng cóng chuānghu wǎng lóu xià kàn ne. Tā dàshēng hǎn:"Xiǎoliàng, kuài xiàlai." Guò le yíhuìr, zhù zài lóu shàng de xiǎo péngyoumen dōu xiàlai le. Tāmen dǎ xuézhàng, duī xuérén, wánr de fēicháng gāoxìng.

(二) Fùshù kèwén

第七课

表达看法

生词

1. 征求	动	zhēngqiú	to solicit
2. 通俗	形	tōngsú	easy to understand
3. 困难	名	kùnnan	difficulty
4. 过时	形	guò shí	outmoded, obsolete
5. 新潮	形	xīncháo	fashionable, modish
6. 跟儿	名	gēnr	heel
7. 鼓励	动	gǔlì	to encourage
8. 平常	名、形	píngcháng	usual; ordinary
9. 面试	动	miànshì	to interview
10. 相信	动	xiāngxìn	to believe
11. 能力	名	nénglì	ability
12. 通过	动	tōngguò	to adopt, to pass
13. 教材	名	jiàocái	text book, teaching material

第七课　表达看法

熟读短语和句子

征求	~意见　　~同学们的意见　　~大家的意见　　~你们的意见

通俗	很~　　不~　　讲得很~　　请老师讲得~一点儿。

困难	有~　　没有~　　有很多~　　记生词有~　　写汉字有~

过时	样子~了　　这件衣服的样子~了。

新潮	~的样子　　样子挺~的　　~的衣服　　~的头发

跟儿	鞋~　　鞋~很高　　鞋~不高　　鞋~太高

鼓励	~同学们　　~我　　~他　　常常~我们　　老师~同学们。

平常	衣服的样子很~。他吃的饭很~。我们都是~的人。他~不爱说话。我~晚饭后散步。有人来听课跟~一样积极回答问题。~的人　　跟~一样

面试	参加~　　通过~　　~很难　　通不过~ 明天有~。要是~通不过，我就不能去这家公司工作。 一定能顺利通过~。
相信	~自己　　~别人　　~老师　　~同学　　~自己的能力
能力	有~　　没有~　　~很强　　有~通过面试 有~做好工作　　有~学好汉语
通过	~考试　　~面试
教材	新~　　好~　　买~　　一本~　　发~ ~的课文很有意思
发言	谁~　　我~　　听了他的~　　听了同学们的~
向	~他们学习　　~老师请假　　~老师表示感谢 ~妈妈表示感谢
改进	~方法　　~教学方法　　~学习方法　　~工作方法
完成	能~　　~得很好　　~作业　　按时~作业

模仿

（一）功能会话：征求意见和提出建议

❶ A：同学们对我的课有什么意见和建议，请提一提。哪位先说？

　B：老师，我先说。

　A：好，你说吧。

　B：老师讲语法讲得比较快，请老师讲得慢一点儿，通俗一点儿，行吗？

　A：可以。

❷ A：同学们对我的教学有什么意见和要求，请提一提。谁先说？

　B：老师，我先说。

　A：好，你说吧。

　B：老师讲课文讲得太慢了，请老师再快一点儿，行吗？

　A：可以。

❸ A：同学们对我的_____有什么_____，请提一提，_____先说？

　B：老师，我先说。

　A：好，你说吧。

　B：我觉得_____。请_____，行吗？

　A：可以。

拼音 Pīnyīn

1 A：Tóngxuémen duì wǒ de kè yǒu shénme yìjiàn hé jiànyì, qǐng tí yi tí. Nǎ wèi xiān shuō?

B：Lǎoshī, wǒ xiān shuō.

A：Hǎo, nǐ shuō ba.

B：Lǎoshī jiǎng yǔfǎ jiǎng de bǐjiào kuài, qǐng lǎoshī jiǎng de màn yìdiǎnr, tōngsú yìdiǎnr, xíng ma?

A：Kěyǐ.

2 A：Tóngxuémen duì wǒ de jiàoxué yǒu shénme yìjiàn hé yāoqiú, qǐng tí yi tí. Shuí xiān shuō?

B：Lǎoshī, wǒ xiān shuō.

A：Hǎo, nǐ shuō ba.

B：Lǎoshī jiǎng kèwén jiǎng de tài màn le, qǐng lǎoshī zài kuài yìdiǎnr, xíng ma?

A：Kěyǐ.

3 A：Tóngxuémen duì wǒ de_____yǒu shénme_____, qǐng tí yi tí. _____xiān shuō?

B：Lǎoshī, wǒ xiān shuō.

A：Hǎo, nǐ shuō ba.

B：Wǒ juéde_____. Qǐng_____, xíng ma?

A：Kěyǐ.

（二）功能会话：征求意见和表达希望

❶ A：大家有什么要求和希望，请提出来。谁先说？

B：我希望老师讲得再少点儿，给我们更多的机会练习说。

A：好。还有吗？

B：我查词典很慢，能不能加强这方面的练习？

A：可以。

❷ A：大家有什么要求和希望，请提出来。谁先说？

B：我希望老师说得再少点儿，给我们更多的机会做会话练习。

A：好。还有吗？

B：我记生词有困难，老师能不能介绍一下儿记生词的方法？

A：可以。

❸ A：大家有什么要求和希望，请提出来。谁先说？

B：我希望_____。

A：好。还有吗？

B：我_____，能不能_____？

A：可以。

拼音 Pīnyīn

❶ A：Dàjiā yǒu shénme yāoqiú hé xīwàng, qǐng tí chūlai. Shuí xiān shuō?

B：Wǒ xīwàng lǎoshī jiǎng de zài shǎo diǎnr, gěi wǒmen gèng duō de jīhuì liànxí shuō.

A：Hǎo. Hái yǒu ma?

B：Wǒ chá cídiǎn hěn màn, néng bu néng jiāqiáng zhè fāngmiàn de liànxí?

A：Kěyǐ.

❷ A： Dàjiā yǒu shénme yāoqiú hé xīwàng, qǐng tí chūlai. Shuí xiān shuō?

B：Wǒ xīwàng lǎoshī shuō de zài shǎo diǎnr, gěi wǒmen gèng duō de jīhuì zuò huìhuà liànxí.

A：Hǎo. Hái yǒu ma?

B：Wǒ jì shēngcí yǒu kùnnàn, lǎoshī néng bu néng jièshào yíxiàr jì shēngcí de fāngfǎ?

A：Kěyǐ.

❸ A： Dàjiā yǒu shénme yāoqiú hé xīwàng, qǐng tí chūlai. Shuí xiān shuō?

B：Wǒ xīwàng_____.

A：Hǎo. Hái yǒu ma?

B：Wǒ_____, néng bu néng_____?

A：Kěyǐ.

(三) 功能会话：征求意见和表达看法

❶ A：你看，这件大衣怎么样？

B：颜色还可以，就是样子过时了。

A：那件呢？

B：那件你穿有点儿太长了。

❷ A：你看，这双鞋怎么样？
B：样子挺新潮的，只是鞋跟儿高了一点儿。
A：那双呢？
B：那双你穿不太合适。

❸ A：你看，＿＿＿＿＿＿怎么样？
B：＿＿＿＿＿＿，可是＿＿＿＿＿＿。
A：那＿＿＿＿＿＿呢？
B：＿＿＿＿＿＿。

 拼音 Pīnyīn

❶ A：Nǐ kàn, zhè jiàn dàyī zěnmeyàng?
B：Yánsè hái kěyǐ, jiùshì yàngzi guòshí le.
A：Nà jiàn ne?
B：Nà jiàn nǐ chuān yǒu diǎnr tài cháng le.

❷ A：Nǐ kàn, zhè shuāng xié zěnmeyàng?
B：Yàngzi tǐng xīncháo de, zhǐshì xiégēnr gāo le yìdiǎnr.
A：Nà shuāng ne?
B：Nà shuāng nǐ chuān bú tài héshì.

❸ A：Nǐ kàn, ＿＿＿＿＿＿zěnmeyàng?
B：＿＿＿＿＿＿, kěshì＿＿＿＿＿＿.
A：Nà＿＿＿＿＿＿ne?
B：Nà＿＿＿＿＿＿.

(四)功能会话：鼓励

❶ A：后边坐着不认识的老师，我会紧张的。
　　B：你是不是怕说错了？
　　A：是。要是说错了，多不好意思。
　　B：你们不要紧张，错了也没关系。希望你们跟平常做练习一样，积极举手回答问题。

❷ A：明天有面试，我会紧张的。
　　B：你是不是怕得不到这个工作？
　　A：是。要是面试通不过，我就进不了这家公司。
　　B：你不要紧张，要相信自己的能力，一定会顺利通过这次面试。

❸ A：_____，我会紧张的。
　　B：你是不是怕_____？
　　A：是。要是_____，_____。
　　B：你不要紧张，_____。

拼音 Pīnyīn

❶ A：Hòubian zuò zhe bú rènshi de lǎoshī. Wǒ huì jǐnzhāng de.
　　B：Nǐ shì bu shì pà shuōcuò le?
　　A：Shì. Yàoshì shuōcuò le, duō bù hǎo yìsi.
　　B：Nǐmen bú yào jǐnzhāng, cuò le yě méi guānxi. Xīwàng nǐmen gēn píngcháng zuò liànxí yíyàng, jījí jǔshǒu huídá wèntí.

❷ A：Míngtiān yǒu miànshì. Wǒ huì jǐnzhāng de.

B：Nǐ shì bu shì pà dé bu dào zhè ge gōngzuò?

A：Shì. Yàoshì miànshì tōng bu guò, wǒ jiù jìn bu liǎo zhè jiā gōngsī.

B：Nǐ bú yào jǐnzhāng, yào xiāngxìn zìjǐ de nénglì, yídìng huì shùnlì tōngguò zhè cì miànshì.

❸ A：_____, wǒ huì jǐnzhāng de.

B：Nǐ shì bu shì pà_____?

A：Shì. Yàoshì_____, _____.

B：Nǐ búyào jǐnzhāng, _____.

综合练习

（一）两人一组，参照例句会话，讨论教学问题，说真实想法

问句：

1. 关于综合课你有什么意见和建议？
2. 关于教材你有什么意见和看法？
3. 关于听力课你有什么意见和要求？
4. 关于口语课你有什么要求和希望？
5. 你觉得老师讲语法讲得怎么样？
6. 你觉得老师讲生词讲得清楚不清楚？
7. 你觉得老师讲课文讲得快不快？

答句：

1. 我觉得老师讲语法讲得比较快，请讲慢一点儿。
2. 我觉得老师讲语法讲得比较慢，请讲快一点儿。
3. 我觉得老师讲语法讲得太多了，能不能少讲一点儿？
4. 我觉得老师讲语法讲得太快了，能不能讲慢一点儿？
5. 我觉得老师讲语法讲得太慢了，能不能讲快一点儿？
6. 我希望老师少讲一点儿，给我们更多的机会练习听和说。
7. 我希望老师保持这样的速度，别太快也别太慢。
8. 我希望老师对我们更严格一些，不要太客气了。

Wènjù：

1. Guānyú zōnghékè nǐ yǒu shénme yìjiàn hé jiànyì?
2. Guānyú jiàocái nǐ yǒu shénme yìjiàn hé kànfǎ?
3. Guānyú tīnglìkè nǐ yǒu shénme yìjiàn hé yāoqiú?
4. Guānyú kǒuyǔkè nǐ yǒu shénme yāoqiú hé xīwàng?
5. Nǐ juéde lǎoshī jiǎng yǔfǎ jiǎng de zěnmeyàng?
6. Nǐ juéde lǎoshī jiǎng shēngcí jiǎng de qīngchu bu qīngchu?
7. Nǐ juéde lǎoshī jiǎng kèwén jiǎng de kuài bu kuài?

Dájù：

1. Wǒ juéde lǎoshī jiǎng yǔfǎ jiǎng de bǐjiào kuài, qǐng jiǎng màn yìdiǎnr.
2. Wǒ juéde lǎoshī jiǎng yǔfǎ jiǎng de bǐjiào màn, qǐng jiǎng kuài yìdiǎnr.
3. Wǒ juéde lǎoshī jiǎng yǔfǎ jiǎng de tài duō le, néng bu néng shǎo jiǎng yìdiǎnr?
4. Wǒ juéde lǎoshī jiǎng yǔfǎ jiǎng de tài kuài le, néng bu néng jiǎng màn yìdiǎnr?

5. Wǒ juéde lǎoshī jiǎng yǔfǎ jiǎng de tài màn le, néng bu néng jiǎng kuài yìdiǎnr?

6. Wǒ xīwàng lǎoshī shǎo jiǎng yìdiǎnr, gěi wǒmen gèng duō de jīhuì liànxí tīng hé shuō.

7. Wǒ xīwàng lǎoshī bǎochí zhèyàng de sùdù, bié tài kuài yě bié tài màn.

8. Wǒ xīwàng lǎoshī duì wǒmen gèng yángé yìxiē, bú yào tài kèqi le.

 四 课后练习

(一) 课文：《希望你们取得好成绩》

白老师听了同学们的发言以后很高兴。她说：

"同学们提出了很多意见和很好的建议，这对改进我们的教学特别有帮助。我非常感谢你们。要想学好汉语，并不是容易的事，要多听、多说、多写、多看。希望你们课上积极回答问题，不要怕说错；课下认真复习、预习，按时完成作业。还希望你们课下多跟中国人谈话，互相学习，互相帮助。我要求你们每天来上课，不要迟到。如果有事或者有病，一定要向老师请假。我们在课上是老师和学生的关系，课下是朋友关系。希望你们每个人都取得好成绩。"

(二) 回答问题

1. 白老师为什么向同学们表示感谢？
2. 白老师认为怎样才能学好汉语？
3. 白老师对同学们提出了什么希望和要求？

拼音

（一）Kèwén: *Xīwàng nǐmen qǔdé hǎo chéngjī*

　　Bái Lǎoshī tīng le tóngxuémen de fāyán yǐhòu hěn gāoxìng. Tā shuō：

　　"Tóngxuémen tíchū le hěnduō yìjiàn hé hěn hǎo de jiànyì, zhè duì gǎijìn wǒmen de jiàoxué tèbié yǒu bāngzhù. Wǒ fēicháng gǎnxiè nǐmen. Yào xiǎng xuéhǎo Hànyǔ, bìng bú shì róngyi de shì, yào duō tīng, duō shuō, duō xiě, duō kàn. Xīwàng nǐmen shàng kè jījí huídá wèntí, bú yào pà shuōcuò；kè xià rènzhēn fùxí, yùxí, ànshí wánchéng zuòyè. Hái xīwàng nǐmen kè xià duō gēn Zhōngguórén tánhuà, hùxiāng xuéxí, hùxiāng bāngzhù. Wǒ yāoqiú nǐmen měi tiān lái shàng kè, bú yào chídào. Rúguǒ yǒu shì huòzhě yǒu bìng, yídìng yào xiàng lǎoshī qǐng jià. Wǒmen zài kè shàng shì lǎoshī hé xuésheng de guānxi, kè xià shì péngyou de guānxi. Xīwàng nǐmen měi ge rén dōu qǔdé hǎo chéngjì."

（二）Huídá wèntí

1. Bái Lǎoshī wèishénme xiàng tóngxuémen biǎoshì gǎnxiè?
2. Bái Lǎoshī rènwéi zěnyàng cáinéng xuéhǎo Hànyǔ?
3. Bái Lǎoshī duì tóngxuémen tíchū le shénme xīwàng hé yāoqiú?

第八课

在银行

生词

1. 专卖店	名	zhuānmàidiàn	monopoly shop
2. 售后服务		shòuhòu fúwù	after-sale services
3. 输入	动	shūrù	to press, to imput
4. 密码	名	mìmǎ	secret code
5. 位	量	wèi	(a measure word)
6. 数	名	shù	number
7. 确定	动	quèdìng	to define, to fix
8. 利息	名	lìxi	interest
9. 存折	名	cúnzhé	bankbook
10. 定期	名	dìngqī	fixed deposite
11. 到期		dào qī	to become due, expire
12. 卡	名	kǎ	card

第八课　在银行

熟读词语和句子

专卖店	电脑~　　手机~　　去~买电脑　　去~买手机~
售后服务	~很好　　~不好　　~怎么样
输入	~密码　　~数字　　~错了　　再~一遍　　~完了
密码	输入~　　记住~　　忘了~　　我把~忘了。
位	个~　　十~　　百~　　千~　　万~　　两~ 三~　　五~　　六~
数	三位~　　四位~　　六位~
确定	按~　　很~　　不~　　你~吗？我不~。
利息	有~　　没有~　　~是多少？~多不多？半年~ 一年~
存折	我的~　　你的~呢？我的~丢了。这是谁的~？

定期	～存款　活期存款　存～　存活期
到期	～了　已经～了　还没～呢　什么时候～？下月～
卡	我的～　你的～呢？我的～丢了。这是谁的～？你有～吗？
保险	很～　不～　～公司　～没有问题　～不会出毛病
换	～钱　～美元　～人民币　～衣服　～班　～座位

模仿

（一）功能会话：犹豫、拿不定主意 / 建议 / 接受建议

❶ A：我想换点儿钱，可是拿不定主意去哪儿换好。

　 B：你说说。

　 A：去银行换吧，比价比较低；找私人换吧，又怕受骗。

　 B：我建议你还是去银行换，那儿保险。

　 A：好，听你的。

❷ A：我要买台电脑，可是拿不定主意去哪儿买好。
　B：为什么？
　A：去专卖店买吧，太远；去附近的商店吧，又怕售后服务不好。
　B：我想你还是去专卖店买好，那里的质量有保证。
　A：行，听你的。

❸ A：我想_____，可是_____。
　B：为什么？
　A：_____吧，_____；_____吧，_____
_____。
　B：我建议你还是_____。
　A：好，听你的。

拼音 Pīnyīn

❶ A：Wǒ xiǎng huàn diǎnr qián, kěshì ná bu dìng zhǔyi qù nǎr huàn hǎo.
　B：Nǐ shuōshuo.
　A：Qù yínháng huàn ba, bǐjià bǐjiào dī; zhǎo sīrén huàn ba, yòu pà shòupiàn.
　B：Wǒ jiànyì nǐ háishì qù yínháng huàn, nàr bǎoxiǎn.
　A：Hǎo, tīng nǐ de.

❷ A：Wǒ yào mǎi tái diànnǎo, kěshì ná bu dìng zhǔyi qù nǎr mǎi hǎo.
　B：Wèishénme?
　A：Qù zhuānmàidiàn ba, tài yuǎn; qù fùjìn de shāngdiàn ba, yòu pà shòuhòu fúwù bù hǎo.

B：Wǒ xiǎng nǐ háishì qù zhuānmàidiàn mǎi hǎo, nàli de zhìliàng yǒu bǎozhèng.

A：Xíng, tīng nǐ de.

❸ A：Wǒ xiǎng_____, kěshì_____.

B：Wèishénme?

A：_____ba, _____; _____ba, _____.

B：Wǒ jiànyì nǐ háishì_____.

A：Hǎo, tīng nǐ de.

(二) 功能会话：换钱/存钱 (1)

❶ A：先生，我换钱。

B：换多少？

A：500美元。

B：请在单子上签字。

A：用英文写还是中文写？

B：都行。

❷ A：小姐，我存钱。

B：存多少？

A：5000块。

B：请输入密码。

A：6位数还是7位数？

B：6位数。

❸ A：_____，我_____。

　B：_____多少？

　A：_____。

　B：请_____。

　A：_____还是_____？

　B：_____。

拼音 Pīnyīn

❶ A：Xiānsheng, wǒ huàn qián.

　B：Huàn duōshao?

　A：Wǔbǎi měiyuán.

　B：Qǐng zài dānzi shang qiān zì.

　A：Yòng Yīngwén xiě háishi yòng Zhōngwén xiě?

　B：Dōu xíng.

❷ A：Xiǎojiě, wǒ cún qián.

　B：Cún duōshao?

　A：Wǔqiān kuài.

　B：Qǐng shūrù mìmǎ.

　A：Liù wèi shù háishi qī wèi shù?

　B：Liù wèi shù.

❸ A：_____, wǒ_____.

　B：_____duōshao?

　A：_____.

B：Qǐng_____?

A：_____háishi_____?

B：_____.

（三）功能会话：换钱/存钱（2）

❶ A：我签完字了，你看对吧？

　B：错了，不是上边，应该写在下边……给你，再写一遍。

　A：请问，今天美元对人民币的比价是多少？

　B：100美元兑换653元人民币。

❷ A：我输入完了，你看行吗？

　B：按"确定"，对了。再输入一遍……给你，在这儿写存多长时间。

　A：请问，存半年利息是多少？

　B：你看，那儿写着呢。

❸ A：我_____完了。你看对吗？

　B：_____。

　A：请问，_____？

　B：_____。

拼音 Pīnyīn

❶ A：Wǒ qiānwán zì le, nǐ kàn duì ba?

　B：Cuò le. Bú shì shàngbian, yīnggāi xiě zài xiàbian … gěi nǐ, zài xiě yí biàn.

　A：Qǐngwèn, jīntiān měiyuán duì rénmínbì de bǐjià shì duōshao?

　B：Yìbǎi měiyuán duìhuàn liùbǎi wǔshí sān yuán rénmínbì.

❷ A：Wǒ shūrù wán le, nǐ kàn xíng ma?

　B：Àn "quèdìng", duì le. Zài shūrù yí biàn…gěi nǐ, zài zhèr xiě cún duō cháng shíjiān.

　A：Qǐngwèn, cún bàn nián lìxi shì duōshao?

　B：Nǐ kàn, nàr xiězhe ne.

❸ A：Wǒ_____wán le, nǐ kàn duì ba?

　B：_____.

　A：Qǐngwèn, _____?

　B：_____.

（四）功能会话：取钱

❶ A：先生，我取钱。

　B：存折呢？您这是定期的，还没到期呢。护照带来了吗？

　A：带来了。

　B：把护照号码和住址、电话写在这儿。

❷ A：小姐，我取钱。给你卡。

　B：请输入密码。错了，再输一遍。

　A：对了吗？

　B：对了。请在这儿签字。

❸ A：_____，我取钱。

　B：给我_____。请_____。

　A：输入完了。

　B：在这儿_____。

拼音 Pīnyīn

❶ A：Xiānsheng, wǒ qǔ qián.

B：Cúnzhé ne? Nín zhè shì dìngqī de, hái méi dào qī ne. Hùzhào dàilái le ma?

A：Dàilái le.

B：Bǎ hùzhào hàomǎ hé zhùzhǐ, diànhuà xiě zài zhèr.

❷ A：Xiǎojiě, wǒ qǔ qián. Gěi nǐ kǎ.

B：Qǐng shūrù mìmǎ. Cuò le, zài shū yí biàn.

A：Duì le ma?

B：Duì le. Qǐng zài zhèr qiānzì.

❸ A：_____, wǒ qǔ qián.

B：Gěi wǒ_____. Qǐng_____.

A：Shūrù wán le.

B：Zài zhèr_____.

（五）功能会话：询问数量（1）

❶ A：中国有多少人口，你知道吗？

B：电视里说有13亿多。

A：这个城市有多少人口？

B：2000多万。

❷ A：美国有多少人口，你知道吗？

B：报纸上说有30870万人。

A：纽约有多少人口？

B：1800万。

❸ A：_____有多少人口，你知道吗？

　B：_____。

　A：_____有多少人口？

　B：_____。

拼音 Pīnyīn

❶ A：Zhōngguó yǒu duōshao rénkǒu, nǐ zhīdao ma?

　B：Diànshì li shuō yǒu shísān yì duō.

　A：Zhè ge chéngshì yǒu duōshao rénkǒu?

　B：Liǎngqiān duō wàn.

❷ A：Měiguó yǒu duōshao rénkǒu, nǐ zhīdao ma?

　B：Bàozhǐ shang shuō yǒu sānwàn líng bābǎi qīshí wàn rén.

　A：Niǔyuē yǒu duōshao rénkǒu?

　B：Yìqiān bābǎi wàn.

❸ A：_____yǒu duōshao rénkǒu, nǐ zhīdao ma?

　B：_____.

　A：_____yǒu duōshao rénkǒu?

　B：_____.

（俄罗斯14850万，莫斯科1200万；日本12800万，东京2640万）

（六）功能会话：询问数量（2）

❶ A：你知道黄河吗？
   B：知道。
   A：黄河有多长？
   B：5464公里。

❷ A：你知道长江吗？
   B：知道。
   A：长江有多长？
   B：6300公里。

❸ A：你知道_____吗？
   B：知道。
   A：_____？
   B：_____。

 拼音 Pīnyīn

❶ A：Nǐ zhīdao Huánghé ma?
   B：Zhīdao.
   A：Huánghé yǒu duō cháng?
   B：Wǔqiān sìbǎi liùshí sì gōnglǐ.

❷ A：Nǐ zhīdao Chángjiāng ma?
   B：Zhīdao .
   A：Chángjiāng yǒu duō cháng?

B：Liùqiān sānbǎi gōnglǐ.

❸ A：Nǐ zhīdao＿＿＿＿＿ma?
　B：Zhīdao.
　A：＿＿＿＿＿＿＿＿＿＿＿？
　B：＿＿＿＿＿＿＿＿＿＿．

三 综合练习

（一）完成会话：来中国以前，艾米跟爸爸商量去哪儿学习

艾米：爸爸，有件＿＿＿＿＿想问问您。

爸爸：＿＿＿＿＿＿＿＿＿。

艾米：我想去中国学习。您看，去哪个城市好？

爸爸：你的＿＿＿＿＿呢？

艾米：我还没＿＿＿＿＿。去＿＿＿＿＿吧，我觉得＿＿＿＿＿＿＿＿；去＿＿＿＿＿吧，我又＿＿＿＿＿。

爸爸：我看还是去＿＿＿＿＿好。＿＿＿＿＿的学习条件更好一点儿。

艾米：好吧，就去＿＿＿＿＿吧。

Aimǐ：Bàba, yǒu jiàn＿＿＿＿＿xiǎng wènwen nín.

Bàba：＿＿＿＿＿＿＿＿．

Aimǐ：Wǒ xiǎng qù Zhōngguó xuéxí. Nín kàn, qù nǎ ge chéngshì hǎo?

Bàba：Nǐ de＿＿＿＿＿ne?

Aimǐ：Wǒ hái méi＿＿＿＿＿. Qù＿＿＿＿＿ba, wǒ juéde＿＿＿＿＿＿＿＿＿；qù＿＿＿＿＿ba, wǒ yòu＿＿＿＿＿.

Bàba: Wǒ kàn háishì qù_____hǎo. _____de xuéxí tiáojiàn gèng hǎo yìdiǎnr.

Aimǐ: Hǎo ba, jiù qù_____ba.

（二）完成会话：艾米和贝拉去银行换钱

艾米：你去哪儿？

贝拉：去银行_____。

艾米：我的人民币也不多了，也想_____。

贝拉：走，咱们_____。

艾米：你用美元换还是用_____？

贝拉：_____。

艾米：换多少？

贝拉：_____。

艾米：干吗换那么多？

贝拉：_____。你换多少？

艾米：我只换_____。

Aimǐ: Nǐ qù nǎr?

Bèilā: Qù yínháng_____.

Aimǐ: Wǒ de rénmínbì yě bù duō le, yě xiǎng_____.

Bèilā: Zǒu, zánmen_____.

Aimǐ: Nǐ yòng měiyuán huàn háishi yòng_____?

Bèilā: _____.

Aimǐ: Huàn duōshao?

Bèilā: _____.

Aimǐ: Gànmá huàn nàme duō?

Bèilā：_____. Nǐ huàn duōshao?

Aimǐ：Wǒ zhǐ huàn_____.

 四 课后练习

（一）去银行换钱、取钱或者存钱，回来以后写一个在银行跟营业员的对话。至少10个句子

自　己：

营业员：

拼音

（一）Qù yínháng huànqián、qǔqián huòzhě cúnqián, huílái yǐhòu xiě yí ge zài yínháng gēn yíngyèyuán de duìhuà. Zhìshǎo 10 ge jùzi

Zì jǐ:

Yíngyèyuán:

第九课

待　客

一 生词

1.	贵客	名	guìkè	honoured guest
2.	辛苦	形	xīnkǔ	hard, laborious
3.	原谅	动	yuánliàng	to excuse, to pardon
4.	顿	量	dùn	(a measure word)
5.	便饭	名	biànfàn	simple meal
6.	集合	动	jíhé	to assemble
7.	心意	名	xīnyì	regard
8.	举行	动	jǔxíng	to hold
9.	一直	副	yìzhí	always
10.	珍惜	动	zhēnxī	to treasure
11.	争取	动	zhēngqǔ	to strive for
12.	证书	名	zhèngshū	certificate
13.	接受	动	jiēshòu	to accept
14.	感动	形	gǎndòng	move

第九课　待客

熟读短语和句子

贵客	一位~　　来了一位~　　你是一位~。
辛苦	很~　　不~　　~你了　　一路~了 老师的工作很~。
原谅	请~　　请你~。请多多~。你能~我吗？不能~他。
顿	一~饭　　一~便饭　　请你吃一~便饭。每天吃三~饭。
便饭	一顿~　　我们一起吃顿~。
集合	几点~　　6点~　　在哪儿~　　在学校门口~ 准时~
心意	表示~　　表示我的~　　这是我们的~。
举行	~会议　　~比赛　　~会谈　　~汉语水平考试 在北京~
一直	从这儿~走　　~向前走　　~努力学习　　~在做准备 我~没给家里写信

珍惜	~这个机会　　~我们的友谊　　~我们的感情
争取	~好成绩　　~100分　　~得冠军　　~拿到毕业证书 ~拿到HSK六级证书
证书	毕业~　　教师~　　英语六级~　　HSK六级~
接受	~邀请　　~帮助　　~批评　　~大家的心意
感动	很受~　　深受~ 这个故事非常~人。这个故事~了我。这个故事~了很多人。
邀请	篮球~赛　　~同学　　~老师　　接受~ 感谢你们的~

模仿

（一）功能会话：待客

1 A：是赵先生，真是稀客，快请进。

B：能找到你，真不容易呀。

A：我这儿不太好找。请坐。喝点儿什么？茶还是饮料？

B：茶，喝茶。

A：好，请等一会儿。

❷ A：是老李，真是贵客，快请进。
　 B：骑了一个小时的车才到你家，真远啊！
　 A：辛苦了，辛苦了。请坐。喝点儿什么？茶还是咖啡？
　 B：随便，什么都行。
　 A：好，稍等一会儿。

❸ A：是_____，真是_____，快请进。
　 B：_____。
　 A：_____。请坐。喝点儿什么_____？_____还是_____？
　 B：_____。
　 A：好，请_____。

拼音 Pīnyīn

❶ A：Shì Zhào Xiānsheng, zhēn shì xīkè, kuài qǐng jìn.
　 B：Néng zhǎodào nǐ, zhēn bù róngyi ya!
　 A：Wǒ zhèr bú tài hǎo zhǎo. Qǐng zuò. Hē diǎnr shénme? Chá háishi yǐnliào?
　 B：Chá, hē chá.
　 A：Hǎo, qǐng děng yíhuìr.

❷ A：Shì Lǎo Lǐ, zhēn shì guìkè, kuài qǐng jìn.
　 B：Qí le yí ge xiǎoshí de chē cái dào nǐ jiā, zhēn yuǎn a!
　 A：Xīnkǔ le, xīnkǔ le. Qǐng zuò. Hē diǎnr shénme? Chá háishi kāfēi?
　 B：Suíbiàn, shénme dōu xíng.
　 A：Hǎo, shāo děng yíhuìr.

❸ A：Shì_____, zhēn shì_____, kuài qǐng jìn.
   B：_____.
   A：_____.Qǐng zuò. Hē diǎnr shénme_____? _____ háishi_____?
   B：_____.
   A：Hǎo，qǐng_____.

（二）功能会话：道歉

❶ A：说起来真不好意思。上次请你去我家玩儿，可是忘了告诉你住址，也没给你名片，实在抱歉。
   B：没什么。当时都匆匆忙忙的，我也忘了问了。

❷ A：说起来真不好意思。上次说请你去吃饭，可是忘了告诉你时间，也没告诉你地址，实在对不起。
   B：没什么。当时都匆匆忙忙的，我也忘了给你电话号码了。

❸ A：说起来真不好意思。上次_____，可是忘了_____。也没_____，请你原谅。
   B：没什么。_____。

 拼音 Pīnyīn

❶ A：Shuō qǐlai zhēn bù hǎo yìsi. Shàng cì qǐng nǐ qù wǒ jiā wánr, kěshì wàngle gàosu nǐ zhùzhǐ, yě méi gěi nǐ míngpiàn, shízài bàoqiàn.
   B：Méi shénme. Dāngshí dōu cōngcōngmángmáng de, wǒ yě wàngle wèn le.

❷ A：Shuō qǐlai zhēn bù hǎo yìsi. Shàng cì shuō qǐng nǐ chī fàn, kěshì wàngle gàosu nǐ shíjiān, yě méi gàosu nǐ dìzhǐ, shízài duìbuqǐ.

B：Méi shénme. Dāngshí dōu cōngcōngmángmáng de, wǒ yě wàngle gěi nǐ diànhuà hàomǎ le.

❸ A：Shuō qǐlai zhēn bù hǎo yìsi. Shàng cì＿＿＿＿＿＿, kěshì wàngle ＿＿＿＿＿＿, yě méi＿＿＿＿＿＿, qǐng nǐ yuánliàng.

B：Méi shénme.＿＿＿＿＿＿.

（三）功能会话：邀请、感谢

❶ A：我这次来，是想请你明天去我家做客。

B：非常感谢。不过，我下星期要参加汉语水平考试，现在正抓紧时间准备呢。

A：那下周六，怎么样？

B：可以。您冒雨来我家，实在感谢。

A：下周六下午3点，我在我家门口等你。这是我的住址和电话号码。

❷ A：我这次来，是想请你后天跟我们一起吃顿便饭。

B：非常感谢。不过，我星期五有口语考试，现在正抓紧时间复习呢。

A：那星期五晚上，怎么样？

B：可以。您冒着大雪来我这儿，实在感谢。

A：下星期五下午6点，我在学校南门等着你。

❸ A：我这次来，是想_____。
　B：非常感谢，不过，我_____。
　A：那_____，怎么样？
　B：可以。您_____，实在感谢。
　A：_____，我在_____。

❶ A：Wǒ zhè cì lái, shì xiǎng qǐng nǐ míngtiān qù wǒ jiā zuòkè.
　B：Fēicháng gǎnxiè. Búguò, wǒ xià xīngqī yào cānjiā Hànyǔ shuǐ-píng kǎoshì, xiànzài zhèng zhuājǐn shíjiān zhǔnbèi ne.
　A：Nà xià zhōu liù, zěnmeyàng?
　B：Kěyǐ. Nín mào yǔ lái wǒ jiā, shízài gǎnxiè.
　A：Xià zhōu liù xiàwǔ sān diǎn, wǒ zài wǒ jiā ménkǒu děng nǐ. Zhè shì wǒ de zhùzhǐ hé diànhuà hàomǎ.

❷ A：Wǒ zhè cì lái, shì xiǎng qǐng nǐ hòutiān gēn wǒmen yìqǐ chī dùn biànfàn.
　B：Fēicháng gǎnxiè. Búguò, wǒ xīngqīwǔ yǒu kǒuyǔ kǎoshì, xiànzài zhèng zhuājǐn shíjiān fùxí ne.
　A：Nà xīngqīwǔ wǎnshang, zěnmeyàng?
　B：Kěyǐ. Nín màozhe dà xuě lái wǒ zhèr, shízài gǎnxiè.
　A：Xià xīngqīwǔ xiàwǔ liù diǎn, wǒ zài xuéxiào nánmén děngzhe nǐ.

❸ A：Wǒ zhè cì lái, shì xiǎng_____.
　B：Fēicháng gǎnxiè. Búguò, wǒ_____.

A：Nà_____, zěnmeyàng?

B：Kěyǐ. Nín_____, shízài gǎnxiè.

A：_____, wǒ zài_____.

（四）功能会话：劝阻

❶ A：听说马老师病了，我得去看看他。

　B：外面正下着雨呢，你今天别去了。

　A：没关系，我坐出租车去。

❷ A：听说贝拉明天回国，我得去看看她。

　B：外面正刮着大风，你别骑车去。

　A：行，我打的去。

❸ A：听说_____，我得_____。

　B：外面正_____，你别_____。

　A：_____。

拼音 Pīnyīn

❶ A：Tīngshuō Mǎ Lǎoshī bìng le, wǒ děi qù kànkan tā.

　B：Wàimiàn zhèng xiàzhe yǔ ne, nǐ jīntiān bié qù le.

　A：Méi guānxi, wǒ zuò chūzūchē qù.

❷ A：Tīngshuō Bèilā míngtiān huí guó, wǒ děi qù kànkan tā.

　B：Wàimiàn zhèng guāzhe dà fēng, nǐ bié qí chē qù.

　A：Xíng, wǒ dǎ dī qù.

❸ A：Tīngshuō_____，wǒ děi_____.
   B：Wàimiàn zhèng_____，nǐ bié_____.
   A：_____.

（五）功能会话：表示感叹

❶ A：一阵微风吹进我的房间，好凉快呀！
   B：是啊，再喝一杯可乐就更凉快了。
   A：对，来一杯。

❷ A：参观回来洗个热水澡，好舒服哇！
   B：是啊，再喝一杯热茶就更舒服了。
   A：对，来一杯。

❸ A：_____，好_____！
   B：是啊，再_____就更_____了。
   A：对，_____。

拼音 Pīnyīn

❶ A：Yí zhèn wēifēng chuījìn wǒ de fángjiān, hǎo liángkuài ya!
   B：Shì a, zài hē yì bēi kělè jiù gèng liángkuài le.
   A：Duì, lái yì bēi.

❷ A：Cānguān huílai xǐ ge rèshuǐ zǎo, hǎo shūfu wa!
   B：Shì a, zài hē yì bēi rè chá jiù gèng shūfu le.
   A：Duì, lái yì bēi.

❸ A：_____，hǎo_____！

　B：Shì a, zài_____jiù gèng_____le.

　A：Duì，_____.

综合练习

（一）完成会话：大内来到彼得的宿舍

彼得：是你啊，快_____。

大内：今天真冷啊。

彼得：请坐。喝杯_____吧。

大内：好。谢谢。

彼得：下这么大的雪，你_____?

大内：昨天白老师让我通知一件事，我忘了。

彼得：_____?

大内：新年到了。_____怕同学们想家，请咱们班的同学今天晚上去_____。

彼得：白老师想得真周到。

大内：是啊。晚上6点在_____集合，咱们一起去。

彼得：好，我一定_____。你冒着大雪来这儿，打个电话不就行了？

大内：我没有你的电话号码。

彼得：是吗？真对不起，我忘了_____了。你记一下儿，我的电话号码是_____。

大内：谢谢。我该走了。

彼得：再_____吧。

大内：不了，还得去通知别人。

彼得：请慢走。

大内：别送了，＿＿＿＿＿＿。

Bǐdé: Shì nǐ a, kuài＿＿＿＿＿.

Dànèi: Jīntiān zhēn lěng a.

Bǐdé: Qǐng zuò. Hē bēi＿＿＿＿＿ba.

Dànèi: Hǎo. Xièxie.

Bǐdé: Xià zhème dà de xuě, nǐ＿＿＿＿＿?

Dànèi: Zuótiān Bái Lǎoshī ràng wǒ tōngzhī yí jiàn shì, wǒ wàngle.

Bǐdé: ＿＿＿＿＿?

Dànèi: Xīnnián dào le. ＿＿＿＿＿pà tóngxuémen xiǎng jiā, qǐng zánmen bān de tóngxué jīntiān wǎnshang qù＿＿＿＿＿.

Bǐdé: Bái Lǎoshī xiǎngde zhēn zhōudào.

Dànèi: Shì a. Wǎnshang liù diǎn zài＿＿＿＿＿jíhé, zánmen yìqǐ qù.

Bǐdé: Hǎo, wǒ yídìng＿＿＿＿＿. Nǐ màozhe dà xuě lái zher, dǎ ge diànhuà bú jiù xíng le?

Dànèi: Wǒ méiyou nǐ de diànhuà hàomǎ.

Bǐdé: Shì ma? Zhēn duìbuqǐ, wǒ wàngle＿＿＿＿＿le. Nǐ jì yíxiàr, wǒ de diànhuà hàomǎ shì＿＿＿＿＿.

Dànèi: Xièxie. Wǒ gāi zǒu le.

Bǐdé: Zài＿＿＿＿＿ba.

Dànèi: Bù le, hái děi qù tōngzhī biéren.

Bǐdé: Qǐng màn zǒu.

Dànèi: Bié sòng le, ＿＿＿＿＿.

（二）完成会话：小王来到老张的家

小王：张先生，您好。

老张：你好。请进。

小王：您的_____布置得_____。

老张：是吗？请坐。喝点儿什么？_____还是_____？

小王：别忙了。我马上_____。

老张：你是稀客，多坐会儿吧。

小王：我刚来公司工作，得到您的很多帮助，为了表示我的一点儿心意，想请您和几个同事_____。

老张：你太客气了。我们在一起聊聊天儿就行了，别吃饭了吧。

小王：还是一边吃一边聊好。您一定_____。

老张：_____？

小王：_____怎么样？您有空儿吗？

老张：这个星期六晚上我有空儿。

小王：那好。一言为定。星期六晚上7点在_____。

老张：好。一言为定。

Xiǎo Wáng： Zhāng Xiānsheng, nín hǎo.

Lǎo Zhāng： Nǐ hǎo. Qǐng jìn.

Xiǎo Wáng： Nín de_____ bùzhì de_____ .

Lǎo Zhāng： Shì ma? Qǐng zuò. Hē diǎnr shénme? _____ hái shi_____？

Xiǎo Wáng： Bié máng le. Wǒ mǎshàng_____.

Lǎo Zhāng： Nǐ shì xīkè, duō zuò huìr ba.

Xiǎo Wáng： Wǒ gāng lái gōngsī gōngzuò, dédào nín de hěn duō bāngzhù, wèile biǎoshì wǒ de yìdiǎnr xīnyì, xiǎng qǐng nín hé jǐ ge tóngshì_____.

Lǎo Zhāng: Nǐ tài kèqi le. Wǒmen zài yìqǐ liáoliaotiānr jiù xíng le, bié chī fàn le ba.

Xiǎo Wáng: Háishì yìbiān chī yìbiān liáo hǎo. Nín yídìng_____.

Lǎo Zhāng: _____?

Xiǎo Wáng: _____ zěnmeyàng? Nín yǒu kòngr ma?

Lǎo Zhāng: Zhè ge xīngqīliù wǎnshang wǒ yǒu kòngr.

Xiǎo Wáng: Nà hǎo. Yì yán wéi dìng. Xīngqīliù wǎnshang qī diǎn zài_____.

Lǎo Zhāng: Hǎo. Yì yán wéi dìng.

 四 课后练习

（一）课文：《白净是个很实在的朋友》

下星期日学校举行汉语水平考试。布朗已经报名参加了。这几天他一直在做准备。他想，自己能来上海学习，是件很不容易的事，应该珍惜这个机会，努力学习，争取拿到一张HSK的六级证书，这对回国找工作是很有用的。

外面下着小雨，布朗正在认真地听录音。突然有人敲门，开门一看，原来是一个月以前认识的中国朋友白净。那天白净约布朗去她家做客，可是忘了告诉布朗她家的地址。今天，白净来向布朗道歉，再次邀请布朗星期天去她家做客，还给了他一张名片。名片上写着她的住址和电话号码。布朗高兴地接受了邀请。

白净冒雨来布朗的宿舍，布朗心中非常感动，他觉得白净是一个很实在的朋友。

（二）认真阅读课文，说出这个课文跟综合课第32课阅读课文有何不同

拼音

（一）Kèwén: *Bái Jìng shì ge Hěn Shízài de Péngyou*

  Xià xīngqīrì xuéxiào jǔxíng Hànyǔ shuǐpíng kǎoshì. Bùlǎng yǐjīng bàomíng cānjiā le. Zhè jǐ tiān tā yìzhí zài zuò zhǔnbèi. Tā xiǎng, zìjǐ néng lái Shànghǎi xuéxí, shì jiàn hěn bù róngyi de shì, yīnggāi zhēnxī zhè ge jīhuì, nǔlì xuéxí, zhēngqǔ nádào yì zhāng HSK de liù jí zhèngshū, zhè duì huí guó zhǎo gōngzuò shì hěn yǒuyòng de.

  Wàimiàn xiàzhe xiǎo yǔ, Bùlǎng zhèngzài rènzhēn de tīng lùyīn. Tūrán yǒu rén qiāo mén, kāi mén yí kàn, yuánlái shì yí ge yuè yǐqián rènshi de Zhōngguó péngyou Bái Jìng. Nà tiān Bái Jìng yuē Bùlǎng qù tā jiā zuòkè, kěshì wàngle gàosu Bùlǎng tā jiā de dìzhǐ. Jīntiān, Bái Jìng lái xiàng Bùlǎng dàoqiàn, zàicì yāoqǐng Bùlǎng xīngqītiān qù tā jiā zuòkè, hái gěile tā yì zhāng míngpiàn. Míngpiàn shang xiězhe tā de zhùzhǐ hé diànhuà hàomǎ. Bùlǎng gāoxìng de jiēshòu le yāoqǐng.

  Bái Jìng mào yǔ lái Bùlǎng de sùshè, Bùlǎng xīn zhōng fēicháng gǎndòng, tā juéde Bái Jìng shì yí ge hěn shízài de péngyou.

（二）Rènzhēn yuèdú kèwén, shuōchū zhè ge kèwén gēn zōnghékè dì sānshí'èr kè yuèdú kèwén yǒu hé bùtóng

第十课

送 行

生词

1.	课余	名	kèyú	after class
2.	安排	动、名	ānpái	to arrange
3.	保持	动	bǎochí	to keep, to remain
4.	心情	名	xīnqíng	state of mind
5.	正确	形	zhèngquè	correct, right
6.	一举两得		yì jǔ liǎng dé	to kill two birds with one stone
7.	大脑	名	dànǎo	brain
8.	饯行	动	jiànxíng	to give a farewell dinner
9.	需要	动、名	xūyào	to need, to require
10.	攒	动	zǎn	to save up
11.	够	动	gòu	enough
12.	本科	名	běnkē	undergraduate course
13.	继续	动	jìxù	to continue
14.	替	动	tì	to take the place
15.	转眼	动	zhuǎnyǎn	in the twinkling of an eye

熟读短语和句子

| 课余 | ~时间　　安排~时间　　~爱好 |

| 安排 | ~时间　　~学习　　~旅行　　~一下 |

| 保持 | ~好心情　　~健康　　~联系　　~友好关系 |

| 心情 | 好~　　坏~　　~怎么样？~很好　　~不错
保持好~ |

| 正确 | ~的发音　　~的声调　　发音~　　声调~　　笔画~
笔顺~ |

| 一举两得 | 这是~。真是~。这是~的好事。 |

| 大脑 | 聪明的~　　锻炼~　　~出了毛病。 |

| 饯行 | 为他~　　给你~　　在全聚德为你~。明天晚上6点为你~。明天晚上6点在全聚德给你~。 |

| 需要 | ~帮忙　　~帮助　　~休息　　你们有什么~？ |

攒	~钱　　~很多钱　　~10万块钱　　~够钱　　~够学费
够	~吗？ ~不~？ ~了　　钱~了　　时间不~
本科	~毕业　　读~　　~生　　~三年级
继续	~努力　　~学习　　~休息　　~工作　　~比赛 ~读研究生
替	~我　　~你　　~他　　~我向你的爸爸妈妈问好。 王老师~张老师上课。我想说的话你~我说了。
转眼	~到了期末　　~到了新年 一~两个月过去了。一~半年过去了。
参观	~工厂　　~学校　　~展览
除了……以外	除了晚上以外，你什么时候有时间？/除了大内以外，今天都来了。/除了做练习以外，我还要复习课文。/除了上课以外，你还有什么事？
虽然……但是	虽然风很大，但是我得出去。/虽然这件事不容易，但是我要努力去做。/她虽然年纪大了，但是身体很好。/我虽然不会说，但是能听懂。

第十课 送行

 模仿

（一）功能会话：祝愿

❶ A：今天是什么日子，你们不会忘记吧？

B：怎么能忘呢？今天是我和你妈妈的银婚纪念日。

A：愿你们两颗美好的心永远连在一起，共同走向25年后的金婚。

B：晚上你们都回来，咱们庆祝一下儿。

❷ A：今天是什么日子，你不会忘记吧？

B：哪能忘呢？是我的生日。

A：祝你生日快乐，天天快乐！

B：谢谢！晚上都到我家来，咱们热闹热闹。

❸ A：今天是_____，你不会忘吧？

B：哪能忘呢？是_____。

A：祝你_____！

B：谢谢你。晚上咱们_____。

❶ A：Jīntiān shì shénme rìzi, nǐmen bú huì wàngjì ba?

B：Zěnme néng wàng ne? Jīntiān shì wǒ hé nǐ māma de yínhūn jìniànrì.

A：Yuàn nǐmen liǎng kē měihǎo de xīn yǒngyuǎn lián zài yìqǐ, gòngtóng zǒuxiàng èrshíwǔ nián hòu de jīnhūn.

145

B：Wǎnshang nǐmen dōu huílai, zánmen qìngzhù yíxiàr.

❷ A：Jīntiān shì shénme rìzi, nǐ bú huì wàngjì ba?

B：Nǎ néng wàng ne? Shì wǒ de shēngrì.

A：Zhù nǐ shēngrì kuàilè, tiāntiān kuàilè!

B：Xièxie! Wǎnshang dōu dào wǒ jiā lái, zánmen rènao rènao.

❸ A：Jīntiān shì＿＿＿＿＿, nǐ bú huì wàng ba?

B：Nǎ néng wàng ne? Shì＿＿＿＿＿.

A：Zhù nǐ＿＿＿＿＿!

B：Xièxie nǐ. Wǎnshang zánmen＿＿＿＿＿.

(二) 功能会话：谈课余活动

❶ A：除了上课以外，你的课余时间是怎么安排的？

B：从上星期开始，我参加了一个中国歌曲学习班，已经学会3首歌了。

A：对，唱歌能让人保持好心情。

B：还能练习正确的发音。

A：不错，真是一举两得。

❷ A：除了学习以外，你的课余时间是怎么安排的？

B：从上个月开始，我参加了太极拳学习班，现在已经学会了一套太极拳。

A：对，打太极拳能锻炼身体。

B：还能锻炼大脑，帮助学习呢。

A：不错，真是一举两得。

❸ A：除了＿＿＿＿＿以外，你的课余时间是怎么安排的？

B：从＿＿＿＿＿开始，我参加了一个＿＿＿＿＿班，现在已经学会＿＿＿＿＿。

A：对，＿＿＿＿＿能＿＿＿＿＿。

B：还能＿＿＿＿＿。

A：不错，真是一举两得。

拼音 Pīnyīn

❶ A：Chúle shàng kè yǐwài, nǐ de kèyú shíjiān shì zěnme ānpái de?

B：Cóng shàng xīngqī kāishǐ, wǒ cānjiā le yí ge Zhōngguó gēqǔ xuéxí bān, yǐjīng xuéhuì sān shǒu gē le.

A：Duì, chàng gē néng ràng rén bǎochí hǎo xīnqíng.

B：Hái néng liànxí zhèngquè de fāyīn.

A：Búcuò, zhēn shì yì jǔ liǎng dé.

❷ A：Chúle xuéxí yǐwài, nǐ de kèyú shíjiān shì zěnme ānpái de?

B：Cóng shàng ge yuè kāishǐ, wǒ cānjiā le tàijíquán xuéxí bān, xiànzài yǐjīng xuéhuì le yí tào tàijíquán.

A：Duì, dǎ tàijíquán néng duànliàn shēntǐ.

B：Hái néng duànliàn dànǎo, bāngzhù xuéxí ne.

A：Búcuò, zhēn shì yì jǔ liǎng dé.

❸ A：Chúle＿＿＿＿＿yǐwài, nǐ de kèyú shíjiān shì zěnme ānpái de?

B：Cóng＿＿＿＿＿kāishǐ, wǒ cānjiā le yí ge＿＿＿＿＿bān, xiànzài yǐjīng xuéhuì＿＿＿＿＿.

A：Duì, _____ néng _____.

B：Hái néng _____.

A：Búcuò, zhēn shì yì jǔ liǎng dé.

（三）功能会话：送行（1）

❶ A：东西收拾好了吗？

　B：差不多了。

　A：你明天几点的飞机？

　B：下午3点。

　A：你别忘了，今天晚上6点我们在全聚德为你饯行。

❷ A：准备得怎么样了？

　B：差不多了。

　A：你什么时候去机场？

　B：明天上午11点。

　A：你别忘了，今天晚上7点我们在李老师家为你饯行。

❸ A：_____？

　B：差不多了。

　A：你什么时候_____？

　B：_____。

　A：你别忘了，_____我们在_____为你饯行。

 拼音 Pīnyīn

❶ A：Dōngxi shōushi hǎo le ma?
B：Chàbuduō le.
A：Nǐ míngtiān jǐ diǎn de fēijī?
B：Xiàwǔ sān diǎn.
A：Nǐ bié wàngle, jīntiān wǎnshang liù diǎn wǒmen zài Quánjùdé wèi nǐ jiànxíng.

❷ A：Zhǔnbèi de zěnmeyàng le?
B：Chàbuduō le.
A：Nǐ shénme shíhou qù jīchǎng?
B：Míngtiān shàngwǔ shíyī diǎn.
A：Nǐ bié wàngle, jīntiān wǎnshang qī diǎn wǒmen zài Lǐ Lǎoshī jiā wèi nǐ jiànxíng.

❸ A：_____?
B：Chàbuduō le.
A：Nǐ shénme shíhou_____?
B：_____.
A：Nǐ bié wàngle, _____wǒmen zài_____wèi nǐ jiànxíng.

（四）功能会话：送行（2）

❶ A：还有什么需要帮忙的吗?
B：不需要，不需要，都准备好了。
A：你回国以后有什么打算?

149

B：我想一边读书一边找工作。
A：什么时候再来中国？
B：明年夏天，要是我攒够了钱，一定再来。

❷ A：还有什么事要我帮助？
B：没有了，把这个箱子装上就没事了。
A：你回国以后有什么打算？
B：我想先读完本科，然后继续读研究生。
A：什么时候再来上海？
B：后年秋天，要是有机会，我想在上海读一个中国文学的硕士。

❸ A：还有什么_____？
B：_____。
A：你回国以后有什么打算？
B：我想_____。
A：什么时候再来？
B：_____。

 拼音 Pīnyīn

❶ A：Hái yǒu shénme xūyào bāngmáng de ma?
B：Bù xūyào, bù xūyào, dōu zhǔnbèi hǎo le.
A：Nǐ huí guó yǐhòu yǒu shénme dǎsuan?
B：Wǒ xiǎng yìbiān dúshū yìbiān zhǎo gōngzuò.
A：Shénme shíhou zài lái Zhōngguó?
B：Míngnián xiàtiān, yàoshì wǒ zǎngòu le qián, yídìng zài lái.

❷ A：Hái yǒu shénme shì yào wǒ bāngzhù?

B：Méiyou le, bǎ zhè ge xiāngzi zhuāng shang jiù méi shì le.

A：Nǐ huí guó yǐhòu yǒu shénme dǎsuan?

B：Wǒ xiǎng xiān dúwán běnkē, ránhòu jìxù dú yánjiūshēng.

A：Shénme shíhou zài lái Shànghǎi?

B：Hòunián qiūtiān, yàoshì yǒu jīhuì, wǒ xiǎng zài Shànghǎi dú yí ge Zhōngguó wénxué de shuòshì.

❸ A：Hái yǒu shénme_____?

B：_____.

A：Nǐ huí guó yǐhòu yǒu shénme dǎsuan?

B：Wǒ xiǎng_____.

A：Shénme shíhou zài lái ?

B：_____.

 综合练习

（一）完成会话：艾米和贝拉谈话

贝拉：艾米，你_____呢？

艾米：我给爸爸、妈妈_____。

贝拉：明天有_____，你复习完了吗？

艾米：还没有呢。我_____就复习。

贝拉：发邮件这么重要吗？

艾米：非常重要。今天是_____纪念日。

贝拉：是吗？祝你爸爸、妈妈_____。

艾米：怎么？我想说的话你替我说了。你看，这是我写的：祝爸爸、妈妈_____。

贝拉：你还祝愿他们什么？

艾米：我还祝愿他们两颗美好_____，共同走向_____。

Bèilā：Àimǐ, Nǐ_____ne?

Aimǐ：Wǒ gěi bàba, māma_____.

Bèilā：Míngtiān yǒu_____, nǐ fùxí wán le ma?

Aimǐ：Hái méiyou ne. Wǒ_____jiù fùxí.

Bèilā：Fā yóujiàn zhème zhòngyào ma?

Aimǐ：Fēicháng zhòngyào. Jīntiān shì_____jìniànrì.

Bèilā：Shì ma? Zhù nǐ bàba, māma_____.

Aimǐ：Zěnme? Wǒ xiǎng shuō de huà nǐ tì wǒ shuō le. Nǐ kàn, zhè shì wǒ xiě de：Zhù bàba, māma_____.

Bèilā：Nǐ hái zhùyuàn tāmen shénme?

Aimǐ：Wǒ hái zhùyuàn tāmen liǎng kē měihǎo_____, gòngtóng zǒuxiàng_____.

（二）完成会话：安娜要回国了，中国朋友马林来到她的房间

马林：安娜，东西都收拾好了吗？

安娜：_____。

马林：你明天几点的飞机？

安娜：_____。

马林：时间真快，一转眼_____过去了。

安娜：可不是，想起我们第一次见面，好像是昨天。

马林：你回国以后_____？

安娜：我想_____。

马林：什么时候再来_____。

安娜：_____。

马林：回去以后别忘了给我发E-mail。

安娜：_____。

马林：我跟王才商量了，今天晚上我们在_____为你饯行。

安娜：几点钟？

马林：6点。我在_____等你。

Mǎ Lín：Ānnà, dōngxi dōu shōushi hǎo le ma?

Annà：_____.

Mǎ Lín：Nǐ míngtiān jǐ diǎn de fēijī?

Annà：_____.

Mǎ Lín：Shíjiān zhēn kuài, yì zhuǎnyǎn_____guòqu le.

Annà：Kěbúshì, xiǎngqǐ wǒmen dì-yī cì jiànmiàn, hǎoxiàng shì zuótiān.

Mǎ Lín：Nǐ huí guó yǐhòu_____?

Annà：Wǒ xiǎng_____.

Mǎ Lín：Shénme shíhou zài lái_____.

Annà：_____.

Mǎ Lín：Huíqu yǐhòu bié wàngle gěi wǒ fā E-mail.

Annà：_____.

Mǎ Lín：Wǒ gēn Wáng Cái shāngliang le, jīntiān wǎnshang wǒmen zài_____wèi nǐ jiànxíng.

Annà：Jǐ diǎnzhōng?

Mǎ Lín：Liù diǎn. Wǒ zài_____děng nǐ.

四 课后练习

(一) 课文:《我永远不会忘记我的老师和朋友们》

时间过得真快,安娜来中国已经一个半月了,明天她就要回国了。

安娜在汉语速成学院速成班学习。她每周上20节汉语课,除了学习汉语以外,她还参加了中国歌曲学习班,现在她已经会唱五首中国歌了。每天早上六点半,她都去操场打太极拳。她起得很早,睡得很晚,对自己要求很严格,她觉得这儿的生活很有意思。

安娜交了几个中国朋友,还有外国朋友。他们经常一起吃饭,聊天儿,有时候一块儿出去玩儿。这里的老师和同学对她都很关心。安娜说:"和他们在一起,我每天都很愉快。我们互相学习,互相帮助,汉语水平提高得很快。我永远不会忘记我的老师,不会忘记我的朋友们,也永远不会忘记这儿的生活。"

(二) 回答问题:安娜在中国的学习和生活怎么样?

拼音

(一) Kèwén: *Wǒ yǒngyuǎn bú huì wàngjì wǒ de lǎoshī hé péngyoumen*

Shíjiān guòde zhēn kuài, Ānnà lái Zhōngguó yǐjīng yí ge bàn yuè le, míngtiān tā jiù yào huí guó le.

Ānnà zài Hànyǔ Sùchéng Xuéyuàn sùchéng bān xuéxí. Tā měi zhōu shàng èrshí jié Hànyǔ kè. Chúle xuéxí Hànyǔ yǐwài, tā hái cānjiā le Zhōngguó gēqǔ xuéxí bān, xiànzài tā yǐjīng huì chàng wǔ shǒu Zhōngguó gē le. Měitiān zǎoshang liù diǎn bàn, tā dōu qù cāochǎng dǎ tàijíquán. Tā qǐ de hěn zǎo, shuì de hěn wǎn, duì zìjǐ yāoqiú hěn yángé, tā juéde zhèr de shēnghuó hěn yǒu yìsi.

　　Ānnà jiāo le jǐ ge Zhōngguó péngyou, hái yǒu wàiguó péngyou. Tāmen jīngcháng yìqǐ chī fàn, liáotiānr, yǒu shíhou yíkuàir chūqu wánr. Zhèli de lǎoshī hé tóngxué duì tā dōu hěn guānxīn. Ānnà shuō: "Hé tāmen zài yìqǐ, wǒ měitiān dōu hěn yúkuài. Wǒmen hùxiāng xuéxí, hùxiāng bāngzhù, Hànyǔ shuǐpíng tígāo de hěn kuài. Wǒ yǒngyuǎn bú huì wàngjì wǒ de lǎoshī, bú huì wàngjì wǒ de péngyoumen, yě yǒngyuǎn bú huì wàngjì zhèr de shēnghuó."

（二）Huídá wèntí: Ānnà zài Zhōngguó de xuéxí hé shēnghuó zěnmeyàng?

词汇总表

A
安排	（动、名）	ānpái	10

B
保持	（动）	bǎochí	10
本科	（名）	běnkē	10
便饭	（名）	biànfàn	9
不见不散		bú jiàn bú sàn	1

C
草莓	（名）	cǎoméi	2
茶叶	（名）	cháyè	2
肠炎	（名）	chángyán	3
称	（动）	chēng	5
称赞	（动）	chēngzàn	2
磁带	（名）	cídèi	6
存折	（名）	cúnzhé	8

D
打仗		dǎ zhàng	6
大脑	（名）	dànǎo	10
大厦	（名）	dàshà	2
倒霉	（形）	dǎo méi	6
到期		dào qī	8
凳子	（名）	dèngzi	4

156

	地址	（名）	dìzhǐ	5
	电子	（名）	diànzǐ	2
	定期	（名）	dìngqī	8
	堆	（动）	duī	6
	顿	（量）	dùn	9
F	非……不可		fēi…bùkě	3
	肺	（名）	fèi	3
G	改	（名）	gǎi	5
	感动	（形）	gǎndòng	9
	刚才	（名）	gāngcái	6
	跟儿	（名）	gēnr	7
	够	（动）	gòu	10
	鼓励	（动）	gǔlì	7
	贵客	（名）	guìkè	9
	过奖	（动）	guòjiǎng	2
	过时	（形）	guò shí	7
H	贺卡	（名）	hèkǎ	5
	呼吸	（动）	hūxī	3
	护照	（名）	hùzhào	5
	汇款	（动、名）	huì kuǎn	5
J	集合	（动）	jíhé	9
	继续	（动）	jìxù	10
	寄件人	（名）	jìjiànrén	5

	假条	（名）	jiàtiáo	3
	见面		jiàn miàn	1
	饯行	（动）	jiànxíng	10
	教材	（名）	jiàocái	7
	接受	（动）	jiēshòu	9
	结果	（名）	jiéguǒ	1
	劲	（名）	jìn	4
	举行	（动）	jǔxíng	9
K	卡	（名）	kǎ	4
	开会		kāi huì	6
	课本	（名）	kèběn	6
	课余	（名）	kèyú	10
	肯定	（形、动）	kěndìng	6
	口袋	（名）	kǒudài	5
	困难	（名）	kùnnan	7
L	拉	（动）	lā	3
	阑尾炎	（名）	lánwěiyán	4
	篮球	（名）	lánqiú	1
	利息	（名）	lìxi	8
	录像	（动、名）	lùxiàng	6
	录像带	（名）	lùxiàngdài	6
M	麻烦	（动、形）	máfan	1
	埋怨	（动）	mányuàn	2
	毛病	（名）	máobing	3

毛衣	（名）	máoyī	2
密码	（名）	mìmǎ	8
面试	（动）	miànshì	7

N

能力	（名）	nénglì	7

P

排球	（名）	páiqiú	1
皮鞋	（名）	píxié	2
平常	（名、形）	píngcháng	7
平局	（名）	píngjú	1
普通	（形）	pǔtōng	2

Q

期末	（名）	qīmò	8
劝阻	（动）	quànzǔ	4
确定	（动）	quèdìng	8
确诊	（动）	quèzhěn	4

S

身份证	（名）	shēnfènzhèng	8
深	（形）	shēn	3
收件人	（名）	shōujiànrén	5
手术	（动、名）	shǒushù	4
首都	（名）	shǒudū	1
售后服务		shòuhòu fúwù	8
输	（动）	shū	1
输入	（动）	shūrù	8
输液	（动）	shūyè	3
数	（名）	shù	8

T

躺	(动)	tǎng	3
桃	(名)	táo	4
特产	(名)	tèchǎn	6
特快专递		tèkuài zhuāndì	5
替	(动)	tì	10
添	(动)	tiān	2
通过	(动)	tōngguò	7
通俗	(形)	tōngsú	7
退烧		tuìshāo	4

W

晚辈	(名)	wǎnbèi	4
网球	(名)	wǎngqiú	1
往	(动、介)	wǎng	1
位	(量)	wèi	8
胃	(名)	wèi	4

X

相信	(动)	xiāngxìn	7
心情	(名)	xīnqíng	10
心意	(名)	xīnyì	9
辛苦	(形)	xīnkǔ	9
新潮	(形)	xīncháo	7
醒	(动)	xǐng	6
需要	(动、名)	xūyào	10
学生证	(名)	xuéshēngzhèng	5
雪人	(名)	xuěrén	6

Y

一举两得		yì jǔ liǎng dé	10
一直	（副）	yìzhí	9
艺术	（名）	yìshù	5
营养品	（名）	yíngyǎngpǐn	4
赢	（动）	yíng	1
优盘	（名）	yōupán	2
邮政编码		yóuzhèng biānmǎ	5
原谅	（动）	yuánliàng	9
约定	（动）	yuēdìng	1
晕	（形）	yūn	3

Z

长辈	（名）	zhǎngbèi	4
攒	（动）	zǎn	10
珍惜	（动）	zhēnxī	9
争取	（动）	zhēngqǔ	9
征求	（动）	zhēngqiú	7
正确	（形）	zhèngquè	10
证书	（名）	zhèngshū	9
质量	（名）	zhìliàng	2
住院	（动）	zhùyuàn	3
专卖店	（名）	zhuānmàidiàn	8
转眼	（动）	zhuǎnyǎn	10
装	（动）	zhuāng	5
昨天	（名）	zuótiān	3